Pilotos del margen

Pilotos del margen

Un nuevo estilo para gestionar la empresa

Miguel Carrión Pardo

Salvador Estapé-Triay

Gestión 2000

Autores: Miguel Carrión Pardo y Salvador Estapé-Triay
Diseño cubierta: El taller interactivo, S. L.
Ilustraciones del interior: Raúl Luque

ISBN: 978-84-96612-83-9
Depósito legal: B-48487-2007
Maquetación: Trama Equipo Editorial, S. L.
Impresión: Grafos Arte sobre papel
Impreso en España - *Printed in Spain*

Testimoniales

Obtener el margen es el objetivo esencial de una dirección general, su labor es tomar decisiones sobre cómo conducirlo. Como indican los autores de *Pilotos del margen*, es fundamental que una comunicación sin sorpresas sobre la trazabilidad del margen se apoye en las nuevas TIC. Trabajar cada día con datos en tiempo real optimiza el *management* de acciones futuras.

Artur Carulla
Consejero delegado de Agrolimen

Pilotos del margen nos ofrece reflexiones, trucos y consejos de gran ayuda para directivos y amantes de los libros de *management*. Presentado de una forma simple y didáctica, resulta de gran ayuda para mejorar nuestro pilotaje de la nave empresarial en un entorno cada vez más incierto, cambiante y competitivo. Trata conceptos clave para la rentabilidad y supervivencia de la empresa.

Carlos Grau Lara
Director general de Microsoft en Cataluña

Gestionar el margen está en el centro del éxito de las empresas y hacerlo adecuadamente requiere habilidades difíciles de desarrollar. *Pilotos del margen* nos acerca de forma simple y amena a ellas, constituyendo una obra que sin duda ayudará al lector a manejar mejor los resortes de su organización.

Josep Valor
Profesor de Sistemas de Información
IESE Business School

En las organizaciones avanzadas todas las unidades han de contribuir para conseguir un margen positivo. Pero ¿cómo conseguir que todos los profesionales aporten al margen? Sin duda, este es el reto en el que convergen de forma compleja actitudes y aptitudes, saber resolver la ecuación es la clave del éxito. Esta obra es una excelente aportación para comprender la ecuación y avanzar en su resolución.

Antoni Garrell
President del Cercle per al Coneixement

He disfrutado leyendo este libro. Estoy convencido de que será de gran utilidad para muchos directivos, les ayudará a ver de una forma diferente los temas del día a día empresarial y la empresa saldrá ganando.

Oriol Amat
Catedrático de Economía Financiera y Contabilidad
de la Universidad Pompeu Fabra

Las empresas que crecen lo hacen vendiendo. Ganan o no. *Pilotos del margen* nos enseña a crecer, pensando: ganarás.

Luis de Buen
Empresario, Generao y Fishhh!
Mejor iniciativa empresarial 2006

Índice

Agradecimientos

Este trabajo no habría sido posible sin los colegas de la agencia USACD que contribuyeron en diferentes fases de redacción con sus lecturas y discusiones útiles. Gracias a Joan por aportar ideas muy efectivas, a Raúl por el conceptual diseño, a Javier por animarnos con sus críticas y a Mikaela por su visión lacónica, una gran fuente de inspiración. Miguel quisiera dar las gracias a todos los clientes que le han confiado el desarrollo de proyectos porque a través de ellos ha aprendido el verdadero significado del concepto *innovación* y ha apreciado, sobre todo, que cada profesional en su organización es un líder en potencia: Agustí Torelló, Amat-3, Alfonso Moreno Representaciones, Arnould Planet Wattohm, Bomba Elias, Borges, Bticino Quintela, Comitè Olímpic de Catalunya, Caesa, Carandini, Chupa Chups, Centre UNESCO, Consell Català de l'Esport, Contel, CPM, Crem, Curtin, Danone, Dexeus, Eivissa & Associats, Eli Lilly and Company, EME (Edicions Musicals Empresarials), Enflex, Envases del Vallès, Envastronic, Eprom, Esteve, Eunasa, Feliu Boet, Font Vella-Lanjarón, Freixenet, Fundació Ramón Trias Fargas, Gab Sistemas, Gabinete de Iniciativa Joven de la Junta de Extremadura, Gonal, Grau-Farrés, Hager,

Idea Experience, Industrias el Gamo, Intendis Farma, Junta de Extremadura, Kenogard, Kitz Corporation, Laboratorios Salvat, Laboratorios Ferrer, Lacer, Mad 3, Mediclinics, Menorquina, Metalogenia, Milan, Moller Electric, Nalcar, Nestlé, Novartis, Optica Prats, Optimus Medina Riley, Ordesa, Proter &Gamble Pharmaceuticals, Panreac Quimica, Payper, Pfizer, Plásticos Tatay, Universitat Pompeu Fabra, Port de Barcelona, Prysmian-Pirelli, Pymac, QBM, Salvador Figueres, SAS, Sati, Serinkjet, Smith & Nephew, Stada, Terasaki España, Total Panel System, Turrons Vicens, Ultramagic, Unifine Doler España, Unilever-Frigo-Knorr-Pannini-Salto, Uquifa y Vita Científica. Salvador quisiera agradecer a Emma sus comentarios y contribuciones. Nuestra mayor gratitud es para Marta, por su paciente y laboriosa lectura y corrección durante la fase final de elaboración de la obra; y para Anna que, en su día a día profesional, es un ejemplo vivo de memoria y conciencia como luchadora en la gestión «valor margen». También nos gustaría agradecer la confianza de nuestros editores.

Introducción

El margen y sus fisuras

Hace aproximadamente un año, el director general de una importante empresa de gran consumo nos comentaba: «No sabemos cómo vamos. Cada vez facturamos más pero ganamos menos. ¿Qué podemos hacer?». Una cuestión que para nada nos dejó helados, pues se trataba de un problema fácil de identificar.

Su problema, como el de muchas otras empresas, se llama «margen». No se sabe gestionar bien o… no se conocen sus fisuras, es decir, por dónde se escapa. El margen es la clave para la mayoría de las compañías. Cuántas veces, por no tenerlo bien controlado, las empresas son incapaces de generar suficientes beneficios como para entrar en una senda de crecimiento sostenible a largo plazo. Y, en definitiva, cuestionarse la continuidad del negocio.

Las decisiones en lo referente al margen han de ser tomadas desde mentalidades económicas y se han de compartir con toda la comunidad para establecer un flujo de comunicación en toda la organización. Hoy en día, un problema requiere una respuesta rápida basada en tendencias con pocos datos.

El margen no sólo son cifras. Visionamos datos y hechos, pero realmente el universo del margen está sustentado por factores y acontecimientos subyacentes en las organizaciones que, en la mayoría de los casos, son habituales y se mantienen sin cuestionarse. En la compañía de gran consumo mencionada, la raíz de su problema estaba en la logística de distribución: no reaccionaba ante las necesidades de reposición del punto de venta, la mercancía no ocupaba el lugar previsto. En otra de nuestras intervenciones, ayudamos a una empresa a decidir si debía crecer en puntos de venta o profundizar en los existentes, descartando aquellos especialmente conflictivos. Nuestra estrategia consistió en transformar los problemas en nudos. Y esto sólo es posible pilotando el margen. ¿Cómo conseguirlo? Una de las claves reside en implicar a toda la compañía, todas y cada una de las personas que trabajan en ella contribuyen al margen. Conseguir el margen es un trabajo colectivo. Los pilotos del margen aplicamos la inteligencia social en las organizaciones. Los sistemas jerarquizados con una clara definición y delimitación de los roles de cada uno ya no valen en las empresas del siglo XXI. Todos los empleados de la corporación deben implicarse en los procesos de decisión para contribuir con su conocimiento al conjunto de la toma de decisiones. El concepto tradicional de margen se ha centrado en los ajustes o desajustes sobre el presupuesto. Sin embargo, el margen se gesta en cada puesto de trabajo.

Aplicando el conocimiento, es decir, gracias al talento de la compañía, se podrán proyectar los acontecimientos que afecten al margen hacia un extremo y, con ello, simplificar el problema para convertirlo en un nudo. Si en un territorio concreto no funcionan las ventas hay que averiguar la causa: la calidad de las acciones comerciales, la fuerza de ventas no funciona, la competencia está muy posicionada, características intrínsecas de los clientes... Llevar el problema al extremo –localizar la posible causa– es la manera de transformarlo en nudo. Simular de forma detectivesca un cambio radical de la fuerza de ventas puede desenmascarar la causa del fracaso. Cuando algo no marcha bien puedes enmascarar a través de las emociones el verdadero motivo de por qué aquello no funciona. ¿Actuaciones posibles? Cambiar la fuerza de ventas, estudiar en profundidad las acciones-condiciones de la competencia para con el cliente, investigar por qué el consumidor no sintoniza con nuestra marca... En la gestión del margen tradicional, la fuerza de ventas informa de estas circunstancias. Al ser parte y causa del problema, el departamento comercial nunca se equivoca. Aquí es donde encontramos un patrón organizacional oculto que produce distorsiones. Por ello, nos llega una visión parcial y partidista del estado de la situación.

Pilotos del margen es una auténtica escuela de instrucción de vuelo destinada a enseñar el pilotaje del margen de forma práctica y sobre el terreno. El objetivo es hacer cambiar el *chip*, descubrir nuevas herramientas para gestionar el margen de manera eficaz a través de la comunicación digital, es decir, de la telemática con inteligencia. Estas herramientas permiten ver una nueva realidad en la compañía: la realidad emocional de la empresa. Gracias a esta visión podemos detectar las fisuras que ahora nos pasan desapercibidas. El objetivo de la instrucción es fomentar la creación de una red de comunicación sin principio ni fin, donde todas las personas implicadas en la gestión del margen están intercomunicadas. Cualquier acontecimiento que afecte al margen es un origen de información: el dato entra en el sistema y se proyecta en forma de conocimiento a todas las partes de la organización que se vean afectadas por él.

«Aplicadores» de conceptos

Pilotos del margen es la obra de dos autores muy diferentes pero unidos por pasiones comunes. En este libro hemos querido combinar los conocimientos y experiencias de cada uno de nosotros para ponerlos al servicio del lector. Cuando decidimos escribir juntos esta obra, Miguel estaba en pleno proceso de reinvención de la consolidada agencia USACD con el fin de evolucionar hacia un nuevo concepto de escuela de negocios denominado *Margin Pilots;* y Salvador acababa de impartir un curso en la Universidad Pompeu Fabra sobre gurús e innovadores del *management.* Ambos, por motivos diversos, nos encontrábamos inmersos en la lectura de los principales pensadores e innovadores del *management.* Miguel estaba especialmente interesado en el mundo de las emociones, la motivación y la aplicación de las neurociencias en la empresa, mientras que Salvador se centraba más en la creatividad, el conocimiento y la innovación. Hace un año, decidimos juntar ambas perspectivas y plasmarlas en la obra que el lector tiene entre las manos, centrándolas en un concepto popular y conocido pero, a menudo, olvidado por muchos: el margen.

Pilotos del margen es una obra articulada a través de una historia que cuenta la formación impartida por un grupo de cuatro jóvenes «instructores» pertrechados con los conocimientos más avanzados. Han sido seleccionados por una empresa veterana de gran consumo con el objetivo de contribuir a la mejora de sus resultados. El encuentro de este joven grupo de instructores con el equipo de experimentados ejecutivos de la compañía permitirá al lector preparar el vuelo para poder pilotar con éxito el margen. Hemos utilizado la forma de diálogo porque creemos que se ajusta mejor a los conceptos que queremos transmitir, los muestra de forma sencilla y clara. Pero no se confunda el lector... Nada más lejos de nuestra intención el pretender emular el método socrático de la mayéutica. La obra no intenta ser totalmente original, pues se trata de un trabajo deudor de las publicaciones más recientes de diversos autores que nos han acompañado durante muchas horas de minucioso análisis. Incluso el título está parcialmente prestado de la escuela de negocios de «emprendeduría» e innovación social danesa *KaosPilots*. Hemos querido aportar recetas, claves y trucos para resolver situaciones que se presentan en las organizaciones a partir de lecciones extraídas de las obras que nos han parecido más pertinentes, es decir, aplicamos varios conceptos de otros autores.

Hace varios años, nos planteamos que muchos de los problemas de nuestras empresas y clientes podrían resolverse si el cerebro, en vez de pensar «con» los problemas, pensase «fuera» de ellos. Como dijo Erich Fromm[1], no es lo mismo «ser un enfermo que tener una enfermedad». La aplicación de este concepto tan elemental ya provocó un avance importante en nuestra actividad asesorando empresas. A partir de este momento, empezamos a estudiar el desarrollo de la

1 Fromm, Erich: *¿Tener o Ser?*, Madrid, FCE, 1978.

capacidad cognitiva en Gerald Zaltman[2] y en Daniel Goleman[3] para crear emociones y ponerlas en práctica con el fin de ayudar a las compañías a vender más. Posteriormente, Philip Kotler y Fernando Trias de Bes[4] lanzan la aplicación del pensamiento lateral[5] en la actividad de marketing, dando lugar al marketing lateral. Método para pensar en lo que normalmente no se piensa, esto es, pensar de forma diferente.

Recientemente, el mismo Goleman[6] ha vuelto a insistir en la importancia de la inteligencia emocional, esta vez aplicada a los grupos sociales. Este autor ha creado, incluso, el logaritmo de la empatía para promover la sensación de bienestar en los individuos que intervienen en la economía. Otro escritor, Malcom Gladwell[7], detecta en qué parte del cerebro se produce la inconsciencia adaptativa que actúa de manera instintiva para la toma de decisiones. Gladwell señala que las personas quedan coartadas en su libertad cognitiva si son tratadas con desdén. En definitiva, este autor nos estimula a conocer estos mecanismos para poder corregirlos y saber cómo tomar decisiones en pocos segundos y con pocos datos.

Las obras mencionadas se basan en cómo funciona el cerebro con las emociones, sentimientos, pensamientos y

---

2 Zaltman, Gerald: *Cómo piensan los consumidores,* Barcelona, Ediciones Urano, 2004.

3 Goleman, Daniel: *Inteligencia emocional,* Barcelona, Kairos, 1997, y *La práctica de la inteligencia emocional,* Barcelona, Kairos, 1999.

4 Kotler, Philip y Trias de Bes, Fernando: *Marketing lateral,* Madrid, Pearson Prentice Hall, 2004.

5 Concepto desarrollado anteriormente por Edward de Bono.

6 Goleman, Daniel: *La inteligencia social,* Barcelona, Kairos, 2006.

7 Gladwell, Malcom: *La inteligencia intuitiva,* Madrid, Taurus, 2005.

memorias. En el origen de los planteamientos de todos estos autores encontramos los trabajos de Antonio Damasio[8]. En su libro *El error de Descartes* plantea la separación del cuerpo y la mente. Posteriormente, en la obra *En busca de Spinoza*, Damasio explica el funcionamiento del cerebro en la generación de emociones y sentimientos muy dirigidos a la alegría o la pena. Su investigación es un tratado neurofisiológico. También cabe destacar el trabajo del neurólogo Nolasc Acarín[9]. En su libro *El cerebro del rey*, analiza la conducta humana desde una perspectiva antropológica. Merece la pena mencionar los recientes estudios que aplican las neurociencias, la psicología y la economía en el área de marketing para facilitar el conocimiento del consumidor. En efecto, en estos últimos años la neuroeconomía y el neuromarketing están cobrando especial relevancia[10].

En relación a la conducta humana, Pilar Jericó[11] destaca que el talento de los individuos que componen una corporación es el activo más preciado de la misma. Las teorías sobre el talento se encuentran en un conjunto de autores muy diversos: Florida, Pink, Ridderstrale y Nordstrom[12]. Además,

---

8 Damasio, Antonio: *El error de Descartes,* Barcelona, Crítica, 1996, y *En busca de Spinoza,* Barcelona, Crítica, 2005.

9 Acarín, Nolasc: *El cerebro del rey,* Barcelona, RBA, 2001.

10 Peyrolón, Pablo: *Neuroeconomía. Breve introducción a una novísima ciencia,* Barcelona, Granica, 2004; Braidot, Néstor P.: *Neuromarketing, Neuroeconomía y negocios,* Madrid, Puerto Norte-Sur, 2005; Renoisé, Patrick y Morin, Christophe: *Neuromárketing. El nervio de la venta,* Barcelona, UOC, 2006.

11 Jericó, Pilar: *Gestión del talento,* Madrid, Pearson Educación, 2001, y *NoMiedo,* Barcelona, Alienta, 2006.

12 Florida, Richard: *The Rise of the Creative Class,* Nueva York, Basic Books, 2002, y *The Flight Of the Creative Class,* Nueva York, Harper

Jericó, en su reciente libro *NoMiedo*, explica que los profesionales no entregan toda su valía en las empresas donde trabajan porque actúan con un comportamiento interno de miedo que les impide tomar decisiones, en nuestro caso, sobre cómo pilotar el margen. Tras formar y asesorar a muchas empresas, observamos que algunos profesionales denotan reacciones psicopáticas. Estudiando y comparando el tema con el relato *Psicópata*, hemos detectado que hay personajes que infunden miedo en todo su entorno[13].

También es muy interesante la obra de José Antonio Marina y Marisa López Penas porque analiza los sentimientos con el objetivo de encontrar el bienestar propio y de anticiparse a las reacciones cognitivas ante acontecimientos de la vida[14]. Por último, cabe destacar el trabajo de Jörg Zittlau en el que compara las actuaciones de Gandhi y las recomendaciones de los gurús actuales del *management*[15]. También merece la pena hacer referencia a las obras de Alex Rovira[16] redactadas en forma de cuento juvenil, ya que imparten lecciones de comportamiento humano relacionadas con la suerte, el éxito y las cualidades de perseverancia.

Collins, 2005; Ridderstrale, Jonas y Kjell Nordstrom: *Funky Business*, Prentice Hall, 2000; *The Karaoke Capitalism*, Prentice Hall, 2004; Pink, Daniel H.: *Free Agent Nation*, Warner Business Books, 2001, y *A whole new mind*, Nueva York, RiverHead, 2005.

13 Quílez, Carles: *Psicópata*, Barcelona, Alhena Media, 2004.

14 Marina, José Antonio y López Penas, Marisa: *Diccionario de los sentimientos*, Barcelona, Anagrama, 1999.

15 Zittlau, Jörg: *Gandhi en la empresa, lecciones y enseñanzas del Maestro para los ejecutivos de hoy*, Barcelona, Planeta, 2005.

16 Rovira, Alex: *La buena suerte*, Barcelona, Ediciones Urano, 2004; *La brújula interior*, Barcelona, Ediciones Urano, 2005, y *Los siete poderes*, Barcelona, Ediciones Urano, 2006.

Hasta aquí hemos mencionado un conjunto de obras que nos ha servido de fuente de inspiración y nos ha ayudado en la elaboración de nuestra investigación. No quisiéramos acabar esta introducción sin mencionar el trabajo de Chan Kim y Mauborgne[17] porque ofrecen a empresarios y directivos herramientas de utilidad directa y aplicable en el mundo moderno de las economías basadas en las nuevas tecnologías, el conocimiento del consumidor y las tendencias de la globalización. Friedman también va más allá en su análisis, pero pone especial énfasis en identificar a los agentes principales de la «Globalización 3.0». Desde diferentes perspectivas todos subrayan el nuevo rol de los profesionales. Por último, desde un punto de vista más académico, debemos mencionar la obra de John Roberts[18] porque nos ha ayudado a comprender el funcionamiento de la actual empresa moderna.

Estructura de la obra

El libro se ha estructurado en tres partes y siete capítulos. En la primera parte exponemos la nueva cultura del margen porque vamos más allá del tradicional concepto presupuestario. Para nosotros, el objetivo margen es la aportación del conocimiento de todos los empleados, clientes y proveedores de una organización. *Pilotos del margen* es una nueva forma de gestionar las empresas, una verdadera escuela de negocios del siglo XXI donde el conocimiento, el aprendizaje y el talento emergen como las claves de éxito de la actividad empresarial. Para ello, se hace un recorrido por las distintas facetas

17 Chan Kim, W. y Mauborgne, Renée: *La estrategia del océano azul*, Barcelona, Granica, 2005.

18 Roberts, John: *La empresa moderna*, Barcelona, Bosch, 2004.

que intervienen en el margen. Partimos de las neurociencias para detectar las necesidades y percepciones de cada miembro de la organización. Además, recomendamos la utilización de herramientas y soluciones de telemática inteligente para potenciar con más valor el conocimiento implícito y explícito del equipo de profesionales de la empresa.

El principal fin de cualquier compañía es obtener un margen positivo, lograr un beneficio entre lo invertido y lo facturado. Sin embargo, en el margen intervienen más facetas a parte de la económica porque le influyen todas las acciones de los empleados de la empresa. Cada profesional debe asumir que el margen es el campo de batalla de todas las actividades de su organización. Por ello, ha de saber detectarlo, controlarlo y consolidarlo. Tiene que tomar sus riendas para sacarle el máximo beneficio. En definitiva, su objetivo es pilotarlo.

En el primer capítulo, «El margen por encima de todo», definimos el concepto «margen» y explicamos dónde está y qué problemas presenta a través de los jóvenes instructores seleccionados para formar a los ejecutivos de una empresa de gran consumo. Tanto en el segundo como en el tercer capítulo los personajes sólo se retoman de forma ocasional porque se exponen una serie de preceptos para el manejo del «instrumental de vuelo» de forma clara y sistemática. En «La i-comunicación» exploramos la vía de las emociones a través de las aportaciones más novedosas de las neurociencias, la economía y la psicología. Estas disciplinas ayudan a detectar las necesidades y percepciones de cada miembro de la organización. Además, facilitan el desarrollo de soluciones de telemática inteligente y potencian el conocimiento del equipo de profesionales de la empresa.

En el tercer y último capítulo de esta primera parte, «La línea de flotación», pondremos el énfasis en saber distinguir aquellas operaciones de venta que afectan al margen, identificando las acciones acertadas de las fracasadas, los presupuestos validados de los rechazados y la generación de negocio de la pérdida.

En la segunda parte exponemos las fisuras o patologías del margen. Para nosotros son principalmente dos: los *happy losers* (capítulo 4) y los «presentistas» (capítulo 5). Los *happy losers* o perdedores felices son miembros de la organización que incumplen sus objetivos de forma sistemática, no aprenden de sus errores y se muestran incapaces de reaccionar. Y, lo que es peor, ¡ya están conformes con ello! El «presentismo» o «momentismo» es la indiferencia, el conformismo. En el terreno laboral hay que evitar estancarse en el presente. Debemos mirar hacia el futuro, analizar nuestro comportamiento y prever los posibles problemas. Sólo así podremos crear perspectivas de futuro o sinergias a medio y largo plazo, que son necesarias para mantener con vida a la empresa. La actitud del «presentista» está basada en la no confrontación del miedo, ya que es un sujeto que no se defiende, que no quiere aceptar las cosas como son. No se enfrenta a los problemas ni los intenta transformar en nudos. No se esfuerza lo más mínimo. Hay que eliminar el factor miedo para afrontar con éxito la toma de decisiones.

Finalmente, en la tercera parte del libro se proponen algunas soluciones. En el capítulo 6, nos centramos en las emociones y en la importancia que han cobrado últimamente en la gestión de los equipos humanos y en la labor comercial de las empresas. Por último, el capítulo que cierra el libro analiza el factor suerte. Para pilotar el margen hay que desterrar la idea de que la suerte puede ayudarnos porque sin esfuerzo las cosas no van a ir hacia delante. Aunque la suerte puede que exista, no podemos confiar en ella. Si queremos pilotar el margen de forma eficiente debemos esforzarnos en desarrollar y potenciar dos factores. Por un lado, hemos de hacer trabajar al cerebro. Tenemos que esforzarnos en observar, analizar, generar conexiones y encontrar puntos de encuentro con los clientes. Por otro, gestionaremos el tiempo de forma óptima para no decantar la balanza hacia la ineficacia. En definitiva, debemos entender nuestra organización y analizar si el entorno es propicio para el éxito. Dominar estos factores es clave. Y si la suerte llega, será bienvenida, pero no estaremos esperándola.

Deseamos que este libro instruya y entretenga. Ahora sólo queda abrocharse el cinturón y… ¡buen vuelo!

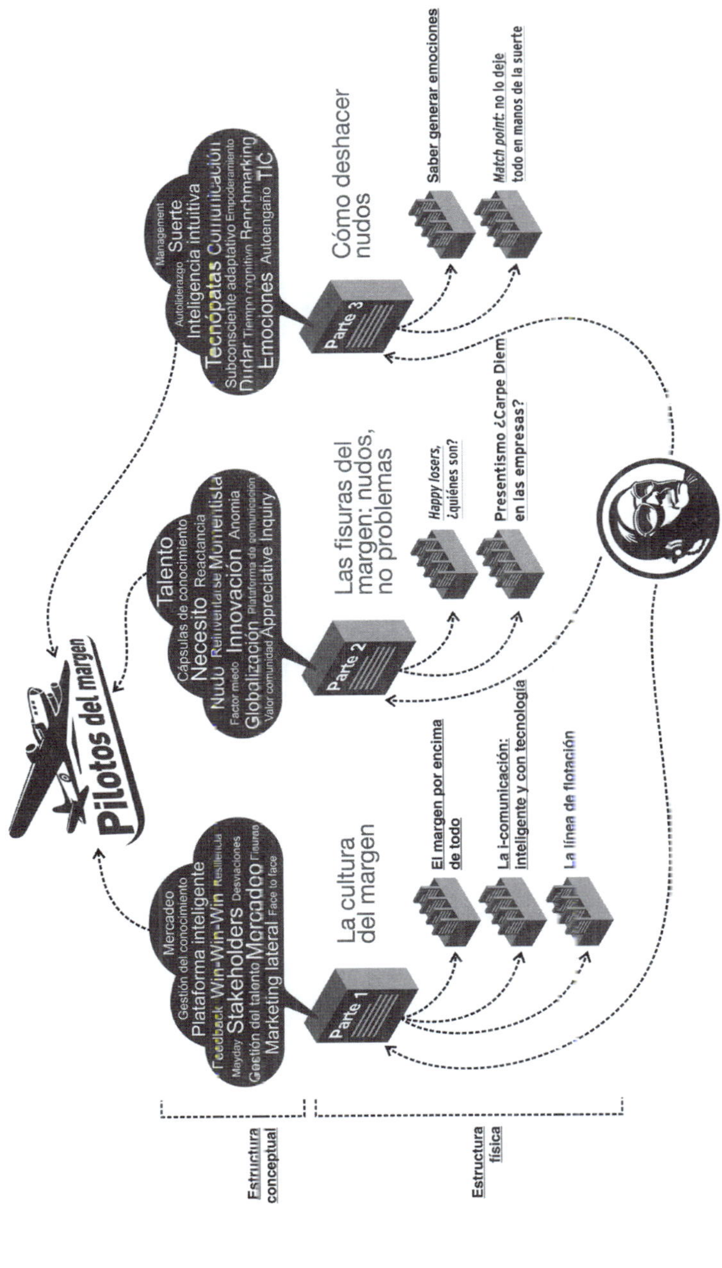

Guía de lectura

I. La cultura del margen

La cultura de una empresa es el conjunto de valores y normas compartidas por los trabajadores que guían su forma de interactuar, comportarse y reaccionar según sus roles y responsabilidades. Cuando hablamos de cultura del margen nos referimos a las actitudes, experiencias, creencias y valores orientados a la obtención del objetivo margen. ¿Ejemplos? Tender a la «excelencia» o aceptar que los errores son una realidad. Para contrarrestar los problemas hay que fomentar el «arte de dudar». Solamente analizando, reflexionando y dudando puede avanzarse efectivamente y evitar la pérdida del margen de negocio.

En las empresas todos los días nacen ideas, surgen problemas, se suscitan incertidumbres, se pierde el tiempo en vaguedades y, por supuesto, ven la luz los esperados resultados de éxito económico y social motivados por el motor humano.

Muchos son los profesionales cualificados con trayectoria de éxito y experiencia acumulada, pero también hay jóvenes valores que se preparan hoy en día, imbuidos de la teoría de las aulas. ¿Qué pasaría si cuatro instructores se introdujesen en una empresa de gran consumo con el objetivo de mejorar sus resultados? ¿Y si lidiasen su batalla con cuatro experimentados profesionales veteranos, forjados a sí mismos, pero con ciertas limitaciones?

Mikaela, Paula, Mireia y Julio son cuatro jóvenes profesionales formados en prestigiosas escuelas internacionales de negocios en los últimos años. Cada uno está especializado en un área concreta: Mikaela en marketing y comunicación, Mireia en dirección comercial, Paula en operaciones y Julio es un *controller* nato.

La misión de este equipo consistirá en aumentar los beneficios a través de la mejora del margen. Para ello, los cuatro trabajarán durante varios meses en las oficinas de la empresa, de forma intensa y codo a codo con el equipo interno: Iñaki, Jaume, Juan Antonio y Stefan. Cuatro especialistas con experiencia en el terreno empresarial: Iñaki es el responsable de marketing y comunicación, Jaume está al frente de la dirección comercial, Juan Antonio dirige operaciones y Stefan es el *controller* y hombre de confianza de la dirección general. Todos ellos tienen visiones diferentes y contrapuestas a las de los jóvenes valores. Siguiendo su evolución, podremos descubrir qué es el margen y dónde está.

1. El margen por encima de todo

¿Qué entendemos por margen y dónde está? En una organización «todos somos márgenes»

Cuatro aventajados instructores se encuentran en la sala de espera de la sede de una veterana empresa de gran consumo, impacientes por entrar en el juego del margen.

– ¡Hola! Soy Mikaela —se presenta la chica de aspecto escandinavo—. ¿A vosotros también os han seleccionado para intervenir en la investigación de «Cómo pilotar el margen»?

– Sí —responden a la vez Paula, Julio y Mireia.

– Estoy deseando empezar y ver cómo se enfoca la problemática del área de marketing en el terreno de juego, más allá de las teorías de los libros... —añade Mikaela—. ¿Y vosotros?

– Yo intervendré en la parte comercial, aún no sé si de puertas afuera o adentro —dice Mireia.

– A mí —responde Paula—, me gustaría organizar las acciones y no tanto enfrentarme a los clientes cara a cara.

– Pues yo, ¡a tareas de *controller* en la aplicación del presupuesto! —aclara Julio a sus tres compañeras de equipo—. La empresa a la que vamos puede crecer considerablemente, ¡haremos que facture mucho más!

– Querrás decir tener más margen, para facturar sólo hay que vender. Obtener *margen* implica comprar, producir y vender sobre el presupuesto. Y como siempre hay algún imprevisto, tienes que haber preparado las partidas para... ¡actuar en caso necesario! —exclama Mikaela.

– ¡Un presupuesto se hace para cumplirlo! —responde Julio con la seguridad del economista con las teorías bien aprendidas.

– Para mí, en cambio —comenta Mikaela—, lo fundamental es dirigir nuestra intervención a asegurar el margen de la empresa, no sólo a intentar vender más.

– Eso está claro —afirma Julio—. Vendiendo más, ¡ganarás más!

– La clave está en el margen —insiste la joven finlandesa—. En él hay que centrar la energía inteligente. Detectar las posibilidades de reducir costes permitirá llegar a más compradores. La rentabilidad de la empresa depende de los clientes captados y fidelizados, su futuro está en la capacidad de atraer el mayor número posible de clientes potenciales. Ajustar el margen a las necesidades comerciales para no perder ningún cliente justifica la razón de ser de una compañía.

– Pareces muy segura de lo que dices... —alega Mireia.

– Tengo una mentalidad escandinava —contesta Mikaela—, soy insistente con mis objetivos... ¡voy por el mayor margen! Es la parte fundamental de la empresa y, en consecuencia, de mi sueldo. El margen tiene tantas definiciones, como partes intervienen en él... Actualmente —continúa la investigadora—, el reto para muchas empresas es facturar más. Cada vez queda menos margen, un fenómeno imparable en muchos sectores industriales y, sobre todo, en los dirigidos al gran consumo, es decir, los relacionados con los productos de la cesta de la compra. Gestionar una organización es como pilotar un coche de competición, siempre hay que ir más deprisa. No puedes dejar que te alcancen los demás porque compiten en el mismo circuito que tú (la globalización) y tienen la misma meta: los clientes, ya sean distribuidores o clientes finales (consumidores). Pero una vez que has conseguido el cliente, la carrera no ha acabado. Debes empezar una nueva con las prestaciones del producto o servicio, el precio, la logística de entregas, la posventa, las promociones... Cuando parece que lo has conseguido todo, resulta que el cliente tiene una información que desconoces y prefiere a tu competencia. Entonces te dice aquello de: «¡esto lo quiero mejor, más barato y más rápido!». En definitiva, es la carrera por ser más competitivo.

– No estoy de acuerdo —interrumpe Julio—. Sólo hay una definición, eso sí, con dos acepciones. La primera, la de la empresa en general, es el margen bruto, la diferencia entre el precio de venta y el coste de producción o de adquisición. La segunda es el margen bruto sobre ventas, la diferencia entre los ingresos por ventas y el precio de coste de los productos vendidos, datos que se obtienen de la cuenta de resultados.

– ¡Ya estamos con lo de siempre! —exclama Paula—. Para mí, lo importante es experimentar lo que pasa si la parte del margen que corresponde a operaciones, es decir, la de logística de almacenaje y distribución, está asignada al ámbito de producción o al departamento comercial. Según de quién dependa, podré ordenar con más o menos atribuciones los problemas del día a día.

– Bueno, eso dependerá del trabajo de cada uno —señala Julio.

– Sí, pero mi trabajo no es como el vuestro, con un principio y un fin —expresa Paula—. Tú, Mikaela, para rentabilizar la empresa sólo tienes que navegar entre las políticas orientadas al producto y los planes para el cliente. O, mejor dicho, vincular al cliente-margen-empresa con tus *product managers* para el diseño y comercialización de los productos. Supongo que te centrarás en lograr que sean cada vez más *customer managers* y aún más *segment managers*[19]. Diseñar, pelearse por el *packaging*, la publicidad, el material de presentación, los análisis de puntos fuertes del producto y, por supuesto, los estudios de mercadotecnia; se pueden comprar incluso pocas semanas antes del lanzamiento.

– Creo que mi especialidad —argumenta Mikaela— es el círculo virtuoso del vender más. He seguido a los promotores: desde aquel que no llega al tres por ciento de las ventas y que sólo vemos un par de veces al año, hasta el galáctico que

19 *Customer manager* y *segment manager* son términos que generalmente se asocian a paquetes informáticos de gestión de clientes. Aquí nos referimos a los gestores de cliente y de segmento de cliente, cuya misión principal es la definición, lanzamiento, gestión y seguimiento de los programas de fidelización pensados para el segmento asignado. Sus funciones pueden ir desde la definición del modelo de gestión y planes comerciales específicos hasta la implementación de las distintas acciones y campañas para el segmento asignado.

gestiona la negociación en las centrales de compra. ¿Sabéis qué he observado? Que su secreto consiste en leer los ojos de los que compran, de los clientes y, sobre todo, de los potenciales. Ver su rostro, leer la profundidad de su mirada, escuchar sus palabras y simpatizar con ellos. Con constancia y tiempo, al final siempre acaba lográndose la venta.

– Un buen piloto del margen también debe gestionar otras variables en todas las direcciones —afirma Julio con el mejor estilo del *controller* de 2010, intentando meterse en el bolsillo a las tres consultoras—. Por ejemplo, es necesario paliar los efectos que se producen constantemente debido a la globalización de las materias primas y a la reubicación o deslocalización empresarial, tanto de fabricación como de mano de obra. Por eso, el presupuesto nunca está cerrado, es una red sin principio ni fin que se teje constantemente gracias al pilotaje del margen. Además, es un indicador que muestra las tendencias del margen, es decir, la «foto general» de la situación. Por ello, hay que trabajar con cifras, planteamientos y datos objetivos.

– Observar al cliente sí que requiere realmente un análisis preciso de hasta el más mínimo detalle —afirma Paula—. Analizar cuándo nos compran y cuándo no y observar a los clientes potenciales, a los reyes del segmento, es imprescindible. Hemos de prestar especial atención a aquellos que podrían comprarnos y no lo hacen porque quizá no les hemos creado la necesidad o ya se la cubren otras empresas. Para ello, se deben seguir las bases de la filosofía oriental: paciente, penetrante, dirigida a la mente del comprador. De esta forma, llegaremos a conocer *los objetivos ocultos* que guarda nuestro cliente (actual o potencial) en su inconsciente adaptativo, en su memoria, para sorprenderle con una emoción que lo cautive lo suficiente. En definitiva, todo buen piloto ha de centrar el margen en función de lo que piensa el cliente. Pero debemos profundizar primero en nuestra mente, es necesario exprimir nuestras neuronas para que destilen la fórmula de cómo conseguir vender más.

– Mirad —sentencia Julio—, la capacidad de los sistemas informáticos para tabular datos es infinitamente superior a la del hombre. Ésta es la única ventaja de la máquina sobre el ser humano[20]. Una realidad que parece vislumbrar la necesidad de un proyecto complicado y sofisticado para pilotar el margen. Sin embargo, no será así, como veremos más adelante.

– Ya me gustaría a mí —interviene Mireia— que, en lugar de cifras, pudiera tener tendencias de los datos, saber hacia dónde apuntan para poder tomar decisiones con pocos datos y de forma muy rápida. Imagino que es esto a lo que os referís con la «foto». Mis posibilidades de éxito se basan en aprovechar al máximo la materia prima. ¿Sabéis cuál?... —pregunta a sus tres compañeros, dando por sentado que todos errarán en la respuesta—. ¡Venga, valientes! ¿Cuál es la materia prima de los comerciales?

– Tus delegados y promotores de ventas —se lanza Julio, con talante serio y maduro.

– ¡Para nada! —dice Paula con una sonrisa desdeñosa sin dejar acabar a Julio—. La materia prima del área comercial es el producto, ¡mejor cuanto más innovador sea!

---

20 A Jeff Hawkins, inventor de la Palm, le fascina el funcionamiento del cerebro humano. Véase J. Hawkins: *On Intelligence,* Nueva York, Times Books, 2004.

Tras escuchar esto el rostro de Mireia cambia: su mandíbula se distiende, sube sus párpados superiores; está claramente sorprendida. Mikaela la observa atentamente y se da cuenta de todo.

– Creo que vais mal encaminados —alega Mireia—. Ahora entiendo lo distante que están las actividades de venta de las otras áreas de la empresa. Parece que los comerciales comemos en plato aparte… Tenemos que resolver con éxito todo nuestro trabajo para vender y, en la mayoría de las ocasiones, sin ninguna ayuda. Nos dais un objetivo y ¡hala!... rápido, rápido como el *Pony Express*[21]… por el objetivo, a vender y sin mirar atrás, que vosotros ya sabéis lo que tenéis que hacer.

– No os dais cuenta —interviene Mikaela— de que los comerciales moldean sus resultados con aquella materia prima denominada cliente, su segmento de cliente, ¿o no lo habéis entendido con la necesidad del *segment manager*? Hemos de tener muy claro que cuando se recibe una información errónea seguramente está basada en la razón de quien la emite. Hasta la forma de pensar cambia según el qué, el cómo y el dónde. Suele fallar la comunicación entre las personas, por eso no se aporta el conocimiento suficiente para formarse una opinión… Mireia antes comentaba que los vendedores deben visitar, hablar y hasta invitar a comer al cliente para fidelizarlo o cautivarlo. Recurrir demasiado al pasado —prosigue Mikaela— no es productivo, pero ya Petrarca en su *Invective contra medicum* recogía esta anécdota:

«Sócrates, al encontrarse con un joven de gran belleza que permanecía en silencio, le invitó a que hablase; argumentan-

21 Servicio de correo rápido que cruzaba los Estados Unidos. Los mensajes se llevaban a caballo.

do que sólo así podría verle, lo conocería mejor por sus palabras que por la expresión de su rostro. "Tú", concluye Petrarca, "has hablado, ya te hemos visto"» [22].

Aunque por el verbo se conoce a la persona, con los actuales estudios sobre la conducta humana y la actividad cognitiva se puede saber mucho más: qué guarda la mente dentro de sí, qué hay en la memoria del cliente y, por extensión, qué representan para él nuestros comerciales y productos, ¿qué imagen tiene de la empresa?

Factores que predisponen al cliente a la compra

22 «Bene Socrates, cum decorum adolescentem tacitum vidisset, "Loquere" inquit "ut te videam": non tam in vultu putabat videri hominem, quam in verbis. Ecce, locutus es: vidimus te», Francesco Petrarca, *Invective contra medicum*, en *Opere Latine*, II, Turín, Unione Tipografico-Editrice Torinese, 1975.

– Muy interesante, Mikaela —expresa Mireia con una mueca de desprecio, denostando que alguien sepa mejor que ella qué hacer con sus clientes—. Ya que sabes tanto de marketing lateral[23], espero que ayudes a mi equipo de ventas a reconocer y potenciar las emociones a través de «la maquinaria cerebral de la emoción»[24] y a no dejarse influir por el miedo[25]. Me gustaría trabajar bajo los principios de la inteligencia emocional y social[26], estoy convencida de que es la forma idónea para transmitir el conocimiento de nuestra área al resto de la organización. Para mí es la máxima expresión de la gestión del talento, vista como una red que llega a todas las personas de la empresa. Muchos profesionales se equivocan al monopolizar el talento, no quieren hacerlo extensivo a los demás por miedo a que el resto sepa tanto como ellos. Espero que nosotros no caigamos en este error. El tesoro —continúa la instructora—, el valor para crear riqueza en la empresa, es el factor tiempo. Mi tiempo comercial, el del promotor, el del delegado, el del director de ventas… Según este factor, puede desarrollarse o no una actividad. Estoy deseosa de empezar a aplicarlo en favor del margen para pilotarlo con éxito. Voy a encargarme de la «foto general» del margen.

– ¡Cuenta conmigo! —exclama Mikaela—. No pensaba que estuvieras preocupada por el tiempo. Estoy de acuerdo contigo en que todo es negociable menos el consumo de

23 Kotler, Philip y Trias de Bes, Fernando: *Marketing lateral,* Madrid, Pearson Prentice Hall, 2004.

24 Damasio, A.: *En busca de Spinoza,* Barcelona, Crítica, 2005.

25 Jericó, Pilar: *NoMiedo,* Barcelona, Alienta, 2006.

26 Goleman, Daniel: *La práctica de la inteligencia emocional,* Barcelona, Kairos, 1999, y *La inteligencia social,* Barcelona, Kairos, 2006.

este factor. Colaboraremos para profundizar en el conocimiento del cliente, al que también podemos considerar sujeto oyente. Nuestra misión es ayudar a reconocer las posibilidades con los clientes, con los distribuidores o con los jefes de compra, uno a uno. Yo no llego al consumidor final, terreno que dejo a los especialistas del marketing emocional, pero sí puedo contribuir desde mi posición a desarrollar las necesidades para cada segmento de clientes y a tipificar soluciones para convertir los problemas en nudos.

– Saber cómo piensan los demás y prever cómo pensarán, ayuda a avanzar en la toma de decisiones —interrumpe Julio—. Mi idea de pilotar el margen se basa en crear un sistema que soporte la información basada en el presupuesto objetivo, la perspectiva de los clientes, la formación como gestión del conocimiento y el tratamiento de datos para asegurar el proceso interno del negocio[27]. Espero que la dirección general sepa, como bien dice Mireia, emplear su tiempo en apoyarme para asegurar su margen con las herramientas de las que hoy podemos disponer.

– ¡Hombre, Julio! —exclama Paula—. ¡Estás igual de impaciente que los demás! ¡Lo tenéis más fácil que yo! En «operaciones» no es sencillo cambiar las cosas de un día para otro. Vosotros podéis actuar como cirujanos y operar con un nuevo método, hacer un máster o unas prácticas y ya está. Mi caso es más complejo, no se puede cambiar una fábrica de un día para otro, ni tampoco un distribuidor. Más aún —continúa la joven—, es muy difícil lograr que la mentalidad de los departamentos ligados a fábrica y producción coincida con la de

27 Véase Kaplan y Norton, *Cuadro de Mando Integral: the balanced scorecard*, Gestión 2000, 1997.

comercial o marketing. A la gente de logística le cuesta entender que ellos son los embajadores de todo el esfuerzo ante el cliente. Un esfuerzo que va desde la negociación de las condiciones de compra (descuentos, plazos de entrega, etc.) hasta la venta, conseguida tras arduas negociaciones *face to face* con el cliente. Por ejemplo, conozco el caso de un cliente que, al principio, no nos hacía ninguna concesión pero que, finalmente, renunció a nuestra competencia para trabajar con nosotros. Con una mala logística estas pequeñas gestas del día a día se desmoronarían como un castillo de naipes.

– Quizá tengas razón, Paula. Pilotar el margen se asemeja a una partida de póquer, hemos de reaccionar en función de las manos que se jueguen —afirma Julio.

– ¿Cartas? Ése es el argumento emocional que pienso utilizar para ganarme a la gente del departamento de comunicación y marketing —comenta Mikaela—. Les voy a proponer simular las actividades del día a día como si fueran las probabilidades del juego emocional, con la ley del que no sabe, que siempre acaba dejando la silla.

– ¿Quieres decir que hay que confiar en el factor suerte para conseguir mejorar algo? —pregunta maliciosa Mireia.

– No hay que confiar en la suerte —aclara Julio con talante inquieto— sino en el saber hacer, en conocer el peso de la jugada y en nuestra valía para poder ganar. Debemos estudiar al contrario, saber qué piensa de nosotros, y, por supuesto, estar pendientes de la parcela de margen que podemos ganar en cada decisión que se tome. Para pilotar el margen hay que definir las prioridades de la empresa antes de intentar convencer a los responsables directos de que somos capaces de ayudarles. ¡Vamos a ello!

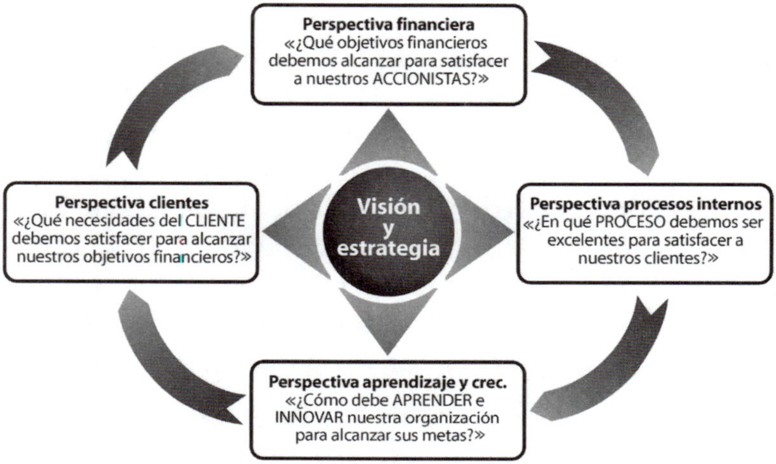

Cuadro de mando integral[28]

Cosas que se podrían hacer y no se hacen en cada área o… «la falta de una red para la interconexión»

Los cuatro jóvenes valores (Mikaela, Paula, Mireia y Julio) han estado un buen rato conversando e intercambiando puntos de vista sobre cómo deberían enfocar su trabajo en la compañía de gran consumo a la que han sido enviados

28 El Cuadro de Mando Integral (CMI) se define como un método estructurado que ofrece un amplio conjunto de indicadores guía útiles para la dirección de una empresa. Es muy útil para la toma de decisiones y el monitoreo del comportamiento de la organización, así como para la verificación del cumplimiento de los objetivos y metas. El CMI es un modelo que ordena y estructura aspectos clave de negocios financieros y no financieros a corto y largo plazo. Los sistemas de información desempeñan un papel clave en la toma de decisiones y dan soporte al sistema de indicadores dentro del cuadro de mando. Implementar un sistema de medición implica conocer a la empresa y saber por qué razón no se ha logrado el resultado esperado.

para mejorar resultados. En este momento, entran en la sala el director de la empresa y los cuatro ejecutivos veteranos: Iñaki, Juan Antonio, Stefan y Jaume.

Con una amortiguada imagen en su rostro, más triste que sincera, enmarcado dentro de una sala de reuniones con una gran mesa ovalada en el centro y un equipo de proyección a medio instalar, el director general (DG) hace un gesto sonoro para ajustar su tono de voz y empieza...

– ¡Bienvenidos! —deja pasar un par de segundos de silencio para concentrar la atención de los asistentes—. Conseguir que un equipo como vosotros intervenga en nuestra compañía era un deseo que ahora vemos realizado. En las dos últimas campañas de ventas hemos tenido pocos beneficios en relación al esfuerzo realizado, nuestra gente está algo desmotivada y los mandos dudan del futuro. Lamento ser tan directo pero es lo que es. Si no fuera tan duro no habríamos optado por recurrir a unos especialistas del margen. Ahora confiamos en que vosotros —en alusión directa al equipo externo— nos ayudéis a aportar sugerencias, preferiblemente sin que tengamos que hacer cambios traumáticos, respetando la gente que hace posible que esta empresa logre facturar. No son sino las circunstancias que aparecen cada vez que queremos avanzar, las que nos ponen palos en las ruedas y nos impiden ir mas desahogados en el margen. Y, por supuesto, están los «otros»: aquellas empresas de la competencia que se han colocado en pocos años en los puntos de venta por los que nosotros batallamos desde siempre. Han prosperado demasiado rápido y ya no hay forma de desbancarlas. Estas compañías nos complican la situación con los clientes porque los predisponen en nuestra contra. En fin, ya veréis, todos trabajamos sin parar y apretamos de lo lindo a nuestros equipos, lo difícil que es tenerlos contentos... Y claro, no podemos cumplir lo que les prometemos porque no se alcanzan los objetivos del presupuesto anual —mira a su público como oteando el horizonte pero sin fijar la mirada en nadie concreto—. No hace falta que insista en que estamos muy limitados a la hora de realizar cambios como la contratación de más personal. Por ello, ¿puede haber alguna forma de que el coste de vuestra intervención fuese en base a los resultados que obtengamos?... Bueno, no es el momento... ya hablaremos más adelante. Tengo que deciros, no obstante, que esto ya lo intentamos hace unos años y nos liamos con la informatización, primero el SAP y después el CRM, ahora parece que empieza a funcionar ¡Caray! Ahora que lo pienso... He olvidado avisar para la reunión al director de informática, él sí que sabe lo que necesitamos pero ese tipo de cambios son tan complicados... Bueno, vamos al grano. Me alegra que seáis un grupo variado, seguro que así el proceso es más enriquecedor. Os presentaré a mi equipo. Stefan, mi brazo derecho, lleva muchos años con nosotros y es el *controller*, un experto contable que tiene que hacer cuadrar el presupuesto. Junto a él está Juan Antonio, responsable de operaciones, la logística se coordina con la dirección comercial. Iñaki, nuestro experto de marketing y comunicación, es el jefe de los *product managers*. Va siempre muy atareado. Precisamente me ha pedido que le excusemos ya que tendrá que dejar la reunión en breve para supervisar el nuevo *packaging* de la próxima campaña que se lanza en cuatro meses. Y por último, Jaume, nuestro director comercial. Consigue cada año que no falte el dinero, es capaz de facturar lo que sea para que la empresa funcione. Éste es mi equipo... ¡Un buen equipo! Lo que ocurre —finaliza el DG— es que acabamos sin cumplir el presupuesto. Y el presupuesto es el «alma de la empresa»[29].

Julio, de forma impulsiva y otorgándose el papel de portavoz del resto de sus colegas, se dirige con una mirada falsa a los asistentes.

– Ha sido un discurso magnífico, estoy totalmente de acuerdo con cada una de sus afirmaciones —alega sin conseguir convencer a la concurrencia.

– Yo creo —interviene Mireia, experta economista e investigadora de nuevas técnicas para vender más— que si los comerciales pelean sus objetivos de ventas y logran alcanzarlos, no tienen por qué tener problemas si las otras áreas de la empresa no fallan. Los vendedores necesitan que marketing haga su trabajo eficazmente y que el *controller* asigne en el presupuesto un buen precio al producto. El departamento comercial sólo es responsable de una parte del margen: conseguir el espacio que le corresponde al producto en el punto de venta. ¡Mirad! —continúa la joven instructora con expresión burlona, levantándose de la silla y emergiendo entre el

29 Aunque hay quien opina lo contrario. Véase, por ejemplo, *http://www.bbrt.org/beybud.htm.* Según ellos, «el presupuesto, aunque la mayoría de las corporaciones lo practican, debería suprimirse. Puede sonar como un asunto radical pero es simplemente la acción final (y decisiva) en una batalla duradera para cambiar organizaciones de jerarquías centralizadas en redes establecidas. Las empresas han invertido sumas enormes en programas de calidad, reingeniería de procesos y en una gama de herramientas de gerencia, incluyendo EVA, *balance scorecards.* Pero no pueden establecer el nuevo orden porque el presupuesto y la cultura del mando y del control en la que se apoya, siguen siendo predominantes. Sustituir el modelo de presupuesto por una alternativa más adaptada y devolutiva es la solución a las necesidades de la organización para alcanzar sus metas».

resto de los asistentes a la reunión—. A partir de hoy, el trabajo del comercial no volverá a ser como antes. Hemos de luchar por «comprar el espacio» en los más de 12.000 puntos de venta de distribución que hay en España y en los 40.000 que están en la categoría de impulso (en alimentación)[30]. El equipo comercial tiene que ser experto en demostrar a los sujetos oyentes que si nos dan el espacio que nos corresponde harán un buen negocio con nuestra marca. Éste es nuestro trabajo de puertas afuera. De puertas adentro, necesitamos disponer de la información con la suficiente antelación para corregir aquellas incidencias previsibles. Nuestro principal objetivo es conseguir que los clientes aumenten sus beneficios con las posiciones que nuestros productos ocupan en sus puntos de venta. Nuestro reto es que el cliente gane. Si gana, ¡ya está!, se ha producido la «magia blanca de la venta». En la actualidad —prosigue Mireia segura de sí misma—, es preciso centrar todas las energías en el *win*[31] del distribuidor y en el del cliente; el *win* del fabricante se controla a través del presupuesto de la empresa. Para que el tercer *win* no sea un suicidio, marketing ha de trabajar a conciencia en el desarrollo de productos y en las técnicas de testeo. Deberíamos poner al *win-win-win* en cuarentena hasta hacernos con toda la información o, mejor dicho, con todo el conocimiento acumulado en los puntos de venta, para sumarlo a la experiencia de la empresa como un *input* de gran valor. En esta línea, cabe destacar que los comerciales de hoy son auténticos observadores dedicados a captar información y a distribuirla. Su verdadera labor es convertirse en oteadores del mercado, deben informar de todo lo que ven para compartirlo con el resto

30 Según datos Nielsen.

31 *Win-win-win*: gana el fabricante, gana el distribuidor y gana el consumidor final.

de vendedores. ¡Ésta es la gestión del talento en su grado más puro! Si queremos asegurar el mercado hemos de investigar, analizar y proponer. Sólo los expertos en surcar el Océano Azul[32], aquellos que logran espacios nuevos sin competencia, consiguen estrategias de futuro para su empresa en el mundo de la globalización. El oficio de comercial es cada vez más difícil de cubrir con individuos preparados y dispuestos a permanecer en la empresa durante un tiempo prolongado. El presupuesto del margen no permite destinar sueldos muy elevados a este perfil. De aquí que se lleven a cabo nuevas y complejas políticas de reclutamiento y se incorporen personas con una previsible alta tasa de rotación. No se puede ir en contra de lo que es evidente. Por ello, el conocimiento debe tratarse como el *core product* del talento corporativo. El conocimiento comercial es el activo por excelencia —sentencia la joven instructora—. Según la teoría de la relatividad del valor, la tasación de una empresa se basa fundamentalmente en su fondo comercial[33]:

Fondo de comercio = Valor real – Valor contable

Es un activo muy difícil de cuantificar. Es una valoración que todavía se complica más sin la información de cómo se han resuelto o se van a resolver las ventas. El fondo de comercio «vale más» si su gestión está bien pensada y ordenada en un buen plan para crecer en la zona de clientes potenciales. Es evidente que el producto debe ser el esperado por el comprador y que, además, ha de tener algún elemen-

---

32 Chan Kim, W. y Mauborgne, Renée: *La estrategia del océano azul*, Barcelona, Granica, 2005.

33 López Martínez, Francisco: *Valoración de empresas: una introducción rápida*, Barcelona, Ediciones Deusto, 2007.

to diferenciador con respecto a otros de la competencia o al resto de productos propios. A esta diferenciación la podemos considerar su «apellido», ya que lo singulariza.

De lo que se trata —continúa Mireia—, es de estar preparados para saber qué es lo que el sujeto oyente piensa: conocer su inconsciente adaptativo, saber lo que tiene en «la corteza prefrontal ventromedial, situada detrás de la nariz»[34]. Imaginar qué hay detrás de esa puerta cerrada nos ayudará mucho. Para conseguirlo, debemos ser capaces de crear alianzas en nuestra corporación, el objetivo de todos ha de ser que el cliente gane más. Él ha de ver que la renta que genera con nuestro producto es mayor a la que obtendría con otros de la competencia. ¡Hemos de optimizar el presupuesto del cliente y defender su margen! En cuanto al margen propio, debe controlarse como el piloto automático de una nave, con tiempo para maniobrar manualmente en caso necesario. Asegurando tu margen, apuestas con menor riesgo en el juego del mercadeo. Como los grandes jugadores de póquer, además de controlar las cartas, debes familiarizarte con el entorno y con los demás contrincantes, es esencial saber cómo piensan y cuándo tienen una buena jugada.

Marketing y comercial tendrían que trabajar conjuntamente —sugiere Mireia—. De esta forma, gracias a la imaginación, la oferta rebosaría de valor añadido y cubriría las necesidades e intereses del comprador. El producto ha perdido el protagonismo inicial, el comprador no tiene límites a la hora de ser sorprendido por lo mismo, o casi lo mismo, pero más barato. Ya explicaba Friedman en *La tierra es*

---

34 Gladwell, Malcom: *La inteligencia intuitiva,* Madrid, Taurus, 2005.

plana[35] que debemos aceptar la globalización. Aquellos que no apuestan por saber más sobre lo que sucede navegarán en la desinformación sobre las imparables tendencias de lo que está por ocurrir. Es el mercadeo: si yo te doy, ¿tú qué me das? Y, cuidado, que si no me gusta lo que me das, no juego contigo porque ¡sólo juego para ganar!... Y ¿tú?... Hay que ver al cliente como una empresa que tiene que ganar antes incluso que nosotros: es el cliente-empresa como causa comercial. De aquí la importancia de trabajar con conceptos como *segment manager* y *customer manager*. Es importante definir una métrica que sea pauta de futuro. Cuando tenemos al cliente sentado frente a nosotros como sujeto oyente viene lo más difícil: conseguir que se sienta como un nuevo comprador potencial —afirma la perspicaz investigadora—. Hemos de trabajar desde el pensamiento lateral[36] para obtener una idea original y aplicarla en ese momento *face to face*. Es una labor de todos, al igual que la gestión del margen. En el presupuesto, el incremento de ventas ha de contemplarse como algo más que una cifra; debe informar de qué clientes apuntamos para el crecimiento y de cómo tratar a los que se plantean dejarnos por la competencia. Esta información es vital y, por ello, debe transformarse en conocimiento para la gestión del margen. Sin clientes no hay empresa, ¡es lo más importante! Por eso, marketing y comercial han de ser una sola entidad. Nuestro tiempo y reflexiones se deben destinar a satisfacer al comprador, sus necesidades son nuestra prioridad. No olvidéis utilizar todos los medios en

35 Friedman, Thomas: *La tierra es plana*, Madrid, Martínez Roca, 2005.

36 De Bono: *El pensamiento lateral*, Barcelona, Paidós, 1991. Según De Bono, el «pensamiento lateral» es un conjunto de formas de pensar que intervienen para cambiar conceptos y percepciones, y que ayudan a aumentar la creatividad.

esta dirección, transmitid reflexiones sencillas y entendibles por todos para facilitar que las hagan suyas. De esta forma, en muy poco tiempo os sorprenderéis de la capacidad de aprendizaje de los promotores de los puntos de venta y de la información que llegan a aportar para cumplir con el presupuesto. Son ellos los que reparten las cartas de juego del mercadeo. Poco a poco hay que empezar a desaprender, a perder hábitos occidentales y a adquirir otros nuevos de Oriente. Hemos de apoyarnos en la humildad y en la armonía oriental, como recomendaba el periodista Thomas Friedman. Es imprescindible desarrollar el afecto cada día en todas direcciones —finaliza Mireia.

Todos se han quedado en silencio con la boca semiabierta, tienen las mandíbulas distendidas y las cejas suben más de lo habitual, generando arrugas en la frente.

¡Se han quedado sorprendidos! ¿Será que han recibido bien la primera dosis de afecto? El silencio así lo corrobora. El DG esboza una sonrisa burlona. ¿Le habrán llegado al corazón las palabras de Mireia y no está acostumbrado?

– Pues bien… ¡estamos en el mundo de *pilotar el margen*! —exclama contenta Mireia.

– Permíteme que disienta —expresa Paula levantando la mano en ademán de pedir permiso para intervenir. La comisura derecha de su boca se estira un poco, denotando tensión—. El único concepto que importa no es el de «cliente-empresa». Estoy de acuerdo en que al cliente hay que darle todas las facilidades para que nos compre: un producto singular «con apellido» que mejore su negocio y le permita ganar más, pero para ello hay que conocer los problemas de la ingeniería logística, la gran desconocida. Sólo quien la entiende puede dominar su mercado, su segmento y, por supuesto, su categoría. Por ejemplo, según Enric Casi[37], director general de la empresa Mango, su crecimiento se debe a la optimización de las áreas de operaciones, aplican una métrica propia en la producción y en los puntos de venta que gira alrededor de los jefes de logística. Hay que estar predispuesto a analizar la distribución del producto acabado desde un plano tan elevado que contemple el país de origen y los destinos de exportación.

– ¡Este trabajo es muy duro! —exclama Juan Antonio—. No contamos con los medios necesarios pero hemos de soportar que se nos acuse de mal servicio. Cuando hay que cambiar a un distribuidor en plena campaña de ventas son altas las penalizaciones morales y económicas que sufre nuestro departamento.

– ¡Pues esto debe cambiar! —sentencia Paula con afán de protagonismo. La más ancha de las sonrisas se dibuja en su rostro, forzando la aparición de unas simpáticas patas de gallo—. Nuestra área de trabajo es una inversión importante para la empresa y es fundamental para que el producto llegue a su destino. El «segundo apellido» del producto es el «valor logístico». Los errores de entrega se aprecian de inmediato en la facturación diaria y en el servicio de atención al cliente; pueden desviar notablemente las previsiones del margen. El cliente se los guarda para próximas negociaciones sobre las condiciones de las plantillas[38] y los comerciales ni saben ni tienen medios para esquivar estos

---

37 *http://www.cperc.net/portada/index.php* día 26/9/2006.

38 Las cantidades de compra que se adquieren en el sector de gran consumo.

reproches —Paula intenta arroparse detrás de la mesa por la tensión que ha provocado—. El «valor logístico» —continúa la experta en operaciones—, se obtiene al sumar el valor de las condiciones intrínsecas de cada cliente y el de los envíos del producto desde el origen hasta el distribuidor o punto de venta. Los pilotos del margen deben conocer este valor de la empresa.

– Esto es lo que digo siempre —comenta Stefan en actitud de *controller*—. Antes de empezar un ejercicio, los datos de logística son estudiadas promesas negociadas y ajustables. Sin embargo, cuando aparecen los incumplimientos sólo se aportan gestos de disculpa; hasta el propio DG justifica que incluso se ha hecho más de lo que se podía ante las complejas circunstancias que plantean los clientes y las reclamaciones de los promotores. Por cierto, éstos sólo informan a sus delegados, nunca se dirigen a la gente de logística porque consideran que sólo deben hacer caso a sus jefes y no dependen del comercial.

– ¿Pero tú le has explicado ya a Juan Antonio... —pregunta Paula dirigiéndose a Stefan y saltando con impulso de ejecutiva agresiva— y a sus jefes, encargados, chóferes o mozos de almacén la incidencia que tienen las pérdidas de logística en la relación con el cliente? ¿Y con el margen de la empresa? ¿Y que ellos, junto a los promotores de ventas, son los que están más cerca del cliente? Todo tu equipo puede aportar datos vitales para valorar el coste real del «valor logística». Si el cliente tiene problemas con el suministro vende menos. Este error repercutirá en las futuras negociaciones de precios y condiciones de compra que haga con nuestra empresa. Para buscar los «centros de gravedad» —prosigue Paula— y mejorar la logística de distribución es preciso aplicar ciertas reglas matemáticas. También resulta útil dibujar un mapa de incidencias al que todos tengan acceso. La toma de datos debe estar viva, catalogada, ser fácil de manejar y capaz de informar a todos. Y bueno, como ésta es la primera reunión y estamos empezando a conocernos, todavía no hemos podido desplegar todas nuestras armas ni nuestras ideas sobre qué podemos hacer, pero os adelanto que pilotar el margen es compartir el conocimiento. Para la gestión correcta del margen todos deben saber qué tanto por ciento se le asigna a cada uno.

– Esto es una estrategia nueva —comenta el DG.

– Para nada, señor director —señala Mikaela—. Si fuera una estrategia no sabríamos con certeza su consecuencia. Se trata de un plan de trabajo concreto y definido: cada uno ha de saber qué tanto por ciento le corresponde pelear para defender su parte del margen. ¡Eso es pilotar el margen! A este tanto por ciento lo llamaremos, mejor dicho, espero que sus empleados lo bauticen como el «factor sueldo» y, a los dos meses de nuestra intervención, como el «factor margen». Si este factor no se cumple, no hay margen, y si no hay margen la empresa deja de tener razón de ser. Además, todo empleado desea saber qué se espera de él, ¡necesita saberlo! He observado que os sorprende —comenta Mikaela a los veteranos ejecutivos— que consideremos a los promotores del punto de venta como una fuente de información fundamental que puede reportar beneficios a la gente de operaciones. Si les preguntáis si quieren que las cosas vayan mejor, veréis que la respuesta es masiva: todos dirán que sí. Todos los profesionales pueden aportar mejoras en su entorno, optimizando así la empresa.

– Sé que suele molestar que alguien presente reclamaciones en otras áreas o incluso en la propia —Julio vuelve al juego tras permanecer toda la presentación expectante, él es el responsable de organizar los instrumentos para pilotar el margen—. ¿Sabéis lo que es un *mayday*? Un piloto emite esta llamada de auxilio cuando ya no sabe qué hacer para evitar lo peor. Hemos de agradecer que los empleados «molesten» con su *mayday* porque nos permite activar las soluciones previstas. Del dato obtenido se deriva una tendencia que genera la «foto» que interpretará quien tome las medidas correctivas. Debemos asumir los errores para corregir las previsiones y adecuar la anatomía del margen a lo largo de todo el ejercicio.

– ¡Ostras! —exclama Iñaki—. Al final acabaremos todos marcados o con una tarjeta colgada del cuello con el tanto por ciento del margen que hemos de luchar cada uno.

– No os preocupéis, todo se gestiona a través de la plataforma que llamamos *Visual Intelligent BackOffice* o vibo. Es lo mismo que sugieres pero en formato digital —aclara Mikaela con gesto placentero.

– ¡Guau! —salta Iñaki asombrado.

– Pilotar el margen —continúa Mikaela— es lo más natural, las soluciones nacen de forma espontánea; como el vuelo de la aves. Sin esfuerzo aparente.

– Sí, a veces las cosas más sencillas parecen complicadas —afirma Julio.

Iñaki, como había anunciado, abandona la reunión.

Pocos minutos más tarde, se escuchan distendidas conversaciones entre los asistentes a la reunión, hermanados por sus áreas de competencia. El DG reclama la atención de Mikaela y Julio:

– Es importante que podamos definir muy bien el trabajo que hay que realizar y, sobre todo, que no se produzcan descontentos entre el personal. Aunque cada uno conoce su papel en la empresa y sus áreas de responsabilidad, no alcanzamos los resultados. Llevamos así dos años. Si marcamos un ritmo más pausado…

De repente, el ruido de la puerta interrumpe al DG. Es Iñaki. Se asoma y entra.

– Bien —dice el director de marketing—, suerte que he podido delegar la aprobación de unos fotolitos. Esta nueva visión de trabajo nos permitirá «girar», apretar y ganar posiciones en el mercado; o, mejor dicho, en el mercadeo, con el margen más asegurado. No he dejado de pensar en lo que comentabais sobre sustituir el concepto «producto-cliente» por el de «cliente-empresa» y he recordado los análisis que hizo P. Kotler sobre las actividades que satisfacen las necesidades del individuo. ¡Los comentaré con mi gente! —exclama al sentarse—. Pero, primero, deberíamos ordenar el plan de trabajo de los próximos dos meses con el equipo de investigación para saber lo que necesitan lo antes posible.

– Bien —interviene Juan Antonio—, yo quisiera pedir…

– ¡Espera! —interrumpe Mikaela con talante emprendedor—. Antes de saber cómo hacéis las tareas, recordemos los conceptos básicos de aquellas que tenemos claras. Si os parece, podemos empezar con preguntas sobre vuestras responsabilidades. Vosotros decidís si son tareas para una persona concreta o para el equipo entero, como si esto fuera un juego. Y, como vamos a tratar emociones cognitivas, con pocos datos daremos respuestas rápidas. ¡Qué empiece la partida!

Debemos pilotar el margen a partir de información basada en la logística, en el punto de venta y en el *merchandising*. El *benchmarking*[39] implica aplicar el conocimiento adquirido. Éste se envasa en cápsulas para que sea transferido a través de un moderno sistema de información de mercadeo.

No todo está inventado ni descubierto, sobre todo en lo referente a la mente. El cerebro del ser humano aún oculta un infinito saber, es una caja de sorpresas. Hemos de aprender, a partir de casos de empresas reales, a acordonar los problemas y transformarlos en nudos. Con la formación adecuada y la capacidad resolutiva del ser humano pilotaremos el margen.

Hacer, informar de lo que se hace y ordenar el paso siguiente es el proceso que hay que seguir. Para realizarlo con efectividad, no olvidemos la armonía y la humildad orientales, la visión nórdica del futuro y la realidad occidental. Mostrando afecto, valorando las emociones y ayudándonos de la neuroeconomía, con pocos datos tomaremos decisiones rápidas. ¡Confiad en vuestra inteligencia intuitiva![40]

---

39 Ejecutar una técnica utilizada para medir el rendimiento de un sistema.

40 Gladwell, Malcom: *La inteligencia intuitiva*, Madrid, Taurus, 2005.

2. La i-comunicación: inteligente y con tecnología

La predisposición a comunicar: «la vía emocional»

«¡Ay!». Esto es lo que queremos conseguir con este capítulo. Sacarle al lector un «¡ay!» directo de su consciencia. Para ello, vamos a llegar a cada punto neurálgico de la intrincada red que configura la gestión del margen, una red sin inicio ni fin, donde los transmisores son los paquetes de información. Unas veces, simples cápsulas de comunicación; otras, anclajes o ganchos que despiertan la atención y las emociones. Comunicación en todas las direcciones, con vías de doble sentido.

Observamos el escenario donde se gestiona el margen y, de repente, aparecen de entre bastidores elementos que no sabíamos ni que existían para mejorarlo o perjudicarlo. En ese momento, percibimos la realidad del mundo globalizado de *La tierra es plana.* La empresa que haya resuelto su margen es la que más debe asegurarlo, en un intento de adelantarse a los imprevistos. En el pilotaje del margen hay que doblar la guardia, prepararse para las circunstancias adversas y pasar de la estudiada estrategia a la puesta en marcha de los planes ejecutivos.

Como hemos visto en el primer capítulo, el equipo de instructores o «aplicadores de conceptos» ponen en práctica aquello que creen adecuado para lograr el mejor margen posible. En cambio, los profesionales de cada área de la empresa deben decidir ante cada valoración qué hacer con ella. La mejor opción es reaccionar de forma automática; si no, es mejor pararse a reflexionar, dudar y reservar los conocimientos para recurrir a ellos más tarde. Los ejecutivos son los artífices del margen porque tienen la compleja labor de tomar decisiones en función de sus atribuciones y ámbitos de responsabilidad, sin olvidarse de las consecuencias. El trabajo de los investigadores es sugerir, no recae sobre ellos todo el peso de la responsabilidad. Se establece una clara diferencia entre instructores y ejecutivos, es similar a la que se observa entre un paciente que necesita operarse y el cirujano. Por eso, es importante analizar la diferencia entre mandar y sugerir a cambio de una retribución. La labor del consultor-asesor externo consiste en indicar lo que se debe hacer con los datos. Es la función del *consigliere* o, si se quiere, una labor de *coaching*[41]. El poder del director de orquesta consiste en hacer poderosos a los demás; no se trata de dominarlos, sino de ilustrarlos.

Pilotar el margen es meterse en él, desde el primer ejecutivo hasta el último mozo de almacén. Es mirar en una sola dirección, como seguir a un vector que apunta hacia el

41 Proceso interactivo y transparente mediante el cual el *coach* o entrenador y la persona o grupo implicados en dicho proceso buscan el camino más eficaz para alcanzar los objetivos fijados usando sus propios recursos y habilidades. Cinco pasos: ¿qué?, situación actual, recursos disponibles, actuar y medir.

objetivo establecido pero con la posibilidad de modificarse según las circunstancias. Además, los pilotos del margen no miramos atrás. Las energías deben reservarse para gestionar los datos recogidos de manera eficaz. Para ello, la información de los hechos ha de llegarnos en forma de cápsulas de conocimiento clasificadas y ordenadas para ser utilizadas en la toma de decisiones. Debe observar el lector que el margen es un ente con personalidad. Cada uno le da la forma y el color que su mente le sugiera, tendrá aspectos diferentes. ¡Y qué más da mientras el margen sea amigo de todos! Alguien con quien entablar un diálogo, discutir e incluso enfadarse. Se ha de mantener una conversación donde participen todos los integrantes de la organización pro margen de la empresa. En definitiva, se trata de ver el margen como una actividad intangible en torno a la cual uno se forma una idea adecuada: la suya. Para unos, será asegurarse el éxito en su puesto de trabajo y, para otros, el reconocimiento de los demás tras alcanzar resultados positivos. Pero para la mayoría, llegar al margen previsto supone recibir una compensación económica por parte de la empresa. ¡El margen obtenido es la recompensa social para la tribu empresarial!

Con el margen hay que comunicarse y preguntarle: «¿Qué te pasa? ¿Quién ha dejado que te desvíes?». Incluso puedes decirle: «¡Oye!, no quiero perderte de vista y, si te alejas, necesito saberlo de inmediato para ver cómo repercute en la organización». El margen debe responder a estas dos preguntas: ¿Cuánto te has desviado? ¿Dónde? Ésta es la esencia para destilar la solución.

Las desviaciones negativas requieren irremediablemente que resolvamos situaciones en pleno vuelo, de forma inmediata hemos de reparar la nave-empresa para asegurar el aterrizaje. En una desviación positiva empleamos menos energías-margen[42], ya sea en forma de dinero, mano de obra o medios productivos; pero tampoco es buena para la compañía. ¿Sorprendente? Hay que tener presente que una desviación positiva puede deberse al falseamiento del presupuesto inicial, en la definición de las partidas podría haberse previsto un precio de venta más competitivo para los productos afectados.

Estas reflexiones surgen de la experiencia profesional. Por ejemplo, Miguel Carrión trató al margen como compañero inseparable de todos durante más de diez años en la empresa de productos sanitarios Arbora. Especialistas de la talla de Artur Carulla y Ramón Tendero desde hace años son verdaderos luchadores del objetivo margen que, aprovechan de forma directa, no subyacente, el talento de su organización[43]. Una conclusión que surgió de esta experiencia es que las propuestas que aportan los pilotos del margen deben ser transmitidas y bien recibidas en la empresa. No tienen que verse como una amenaza, ni como una intromisión en el terreno de cada uno. Tampoco han de provocar cambios drásticos, ni crear incertidumbres ni dudas en la capacidad de gestión.

Es importante detectar la misión que le corresponde a cada uno en el control del margen y la repercusión que ésta tiene sobre los demás. Pero… ¿cuál es mi parte?, ¿qué debo explicar?, ¿cuándo?, ¿cómo? y… ¿a quién? Responder a estas preguntas nos dará la definición de lo que cada uno debe hacer como parte del margen. Una vez que lo tengamos claro, hemos de fi-

42 Unidad que mide la cantidad de energía que consume el margen.

43 Artur Carulla y Ramón Tendero fueron durante varios años director general y subdirector general industrial de Arbora S.A. – Agrolimen, respectivamente.

jar un objetivo y marcar una ruta hacia él. Iniciar un camino hacia algún sitio ya es síntoma de querer ir hacia él. En términos optimistas, si quieres ser feliz «viaja hacia la felicidad»[44]. En términos pesimistas, como indican algunos autores refiriéndose a la oblicuidad de la felicidad, la felicidad raramente se alcanza buscándola. Incluso John Stuart Mill se dio cuenta de que se lograba mejor la felicidad si no se forzaba demasiado: «Sólo son felices aquellos que ocupan su mente en algún objeto diferente que su propia felicidad»[45]. La mejor forma de llegar a ella es a través del afecto, factor que previene la aparición del desdén, uno de los mayores peligros para el margen. Así que pongamos en marcha la máquina de la fantasía para aplicar el ingenio en la dirección adecuada, sobre todo, en aquellos tramos donde se detecta la posibilidad de fisuras. Cuando hay fisuras en el margen las posibilidades de llegar a conseguirlo se esfuman.

La memoria de los datos: adquirir actitudes pro margen

Pilotar el margen es un nuevo concepto forjado a partir de dos trayectorias profesionales centradas en desenmascarar la filosofía justificativa que lleva a la no consecución del margen. Nuestro objetivo vital es averiguar la mejor forma de conseguir un nivel de pilotaje óptimo. Para ello, todas las áreas de la empresa han de asumir la consecución del margen como su misión, tanto comerciales, *controller*... De esta manera, podremos motivar y redireccionar a los profesionales para ayudarles a que se conviertan en pilotos del margen.

44 Punset, Eduardo: *El viaje de la felicidad*, Barcelona, Destino, 2005

45 Herreros de las Cuevas, Carlos: *El coaching: cura, libera y subvierte*, Barcelona, Granica, 2004.

A continuación, presentamos la anatomía del margen para dar a conocer las fases a seguir en un buen pilotaje:

Anatomía del margen

1ª Fase de preparación

Esencia corporativa y misión económica	Conceptos que hay que redefinir en cada nueva campaña.
Misiones para los gestores	Asignación de objetivos de acuerdo con sus capacidades.
Cápsulas de conocimiento	Concreción acotada de la parte de gestión del margen que le corresponde a cada uno.
Cápsulas de talento	Aplicación del conocimiento significativo para elaborar un presupuesto realista.

2ª Fase de sentencia del margen

El objetivo	Definición del margen que tiene asignado el presupuesto.

3ª Fase de pilotaje «pro margen»

Cápsulas de gestión	Parte de la gestión del margen que corresponde a cada profesional, con asignación de la cifra porcentual sobre el total.
Cápsulas de información	Datos sobre las actuaciones destacables, tanto positivas como negativas, y emisión de los mismos a la unidad de procesamiento.
Cápsulas *mayday*	Con el objetivo de redireccionar la información detectada y procesarla como «alarmas» para cada gestor del margen.
Procesamiento de datos	Sistema inteligente de tratamiento de la información para la toma de decisiones.
Comunicación en todas las direcciones	de las repercusiones de los datos emitidos sobre el margen.
Reajuste correctivo	Para realizar ajustes, en caso necesario y por parte de la dirección general, sobre la misión económica corporativa.

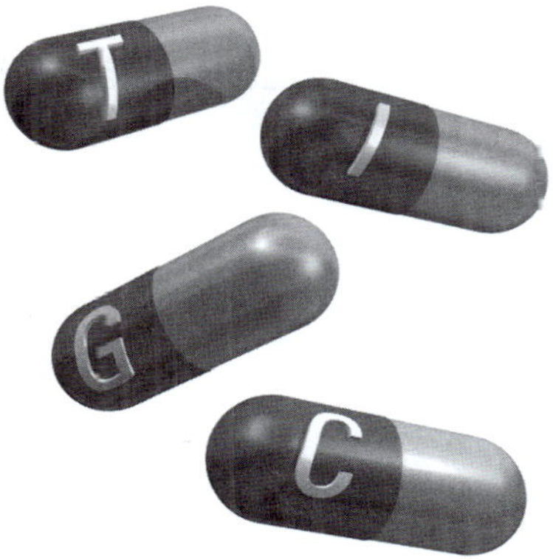

Cápsulas de la anatomía del margen

En la primera fase se preparan realmente las posibilidades. Aquí es donde debe aportarse todo el conocimiento y el talento de los integrantes de la empresa. Es el momento de valorar las verdaderas opciones y de sugerir la falta de potencial de los recursos disponibles. Hay que involucrar a todos los gestores del margen para que evalúen qué conocimientos son necesarios.

La fase de sentencia es la definición cuantificada del margen. No debe sorprender a nadie porque ha de elaborarse entre todos. Hemos de evitar que se convierta en la «sorpresa de la campaña». El objetivo margen no se puede imponer, es necesario entenderlo, aceptarlo y asumirlo.

La fase pro margen está dentro del ámbito de cada profesional de la empresa. Se trata, simplemente, de trabajarla y de aplicar el principio de la anticipación. Si se detecta que afecta o repercute en las misiones de otras áreas, debe lanzarse una cápsula *mayday* para alertar al equipo de pilotos. ¡Ocultar una información perjudicial no la hace desaparecer!

Pilotar el margen es aplicar conocimiento y talento, es informar a todos los profesionales implicados. Es la actividad que nos ayudará a llevar a cabo las diferentes acciones del plan de empresa, a conocer quiénes consumen demasiado tiempo en detrimento del margen, a motivar a los gestores y a concienciar a todos los empleados para conseguir el margen.

Trabajar el margen puede parecerse a jugar al póquer, ya que las circunstancias cambian desde la situación inicial, ya sea por desviaciones en el presupuesto o por la actuación de la competencia. Efectivamente, el margen tiene ciertas similitudes con una partida: hay dinero en juego; el de la empresa, y como consecuencia, el de todos. Por supuesto, no se trata de un juego de suerte o azar porque, dependiendo de la intervención de cada uno, puede hacernos ganar o perder el *match point*, como veremos más adelante. Es el ganar o no ganar. De esta forma, si no se actúa con la información adecuada para la correcta toma de decisiones, el margen se convierte en escurridizo y aparece una fisura horizontal; en cambio, si no hay comunicación, se produce una fisura vertical. Por ambos tipos de fisura se pierde margen; toda pérdida de margen es irreparable. Es la oportunidad perdida.

Si se abre una fisura en el casco de un barco, es fundamental conocer su tamaño y si está por encima o por debajo de la línea de flotación. Necesitamos saber la probabilidad de riesgo para actuar con diligencia y poder reparar la nave. Una fisura siempre crea problemas; bajo la línea de flotación los empeora y por encima de la superficie del agua, dependiendo del estado de la mar, son sostenibles o no.

Hemos de asumir que no existe ningún algoritmo que prevea las desviaciones, las circunstancias cambian constantemente y sólo podemos basarnos en nuestra experiencia. Para pilotar el margen es fundamental conocer los medios y valores de los que disponemos, ya que es imposible averiguar la magnitud de los de la competencia. No podemos cuantificarlos, sólo seremos capaces de intuirlos o suponerlos. Por ello, hay que apostar a partir de la estimación de los mismos, nunca estaremos totalmente seguros de su valor. Un factor esencial que hay que tener en cuenta son los profesionales que están al frente de las áreas de trabajo. Cuando toman una decisión deben valorar cuánto pueden afectarles las posibles consecuencias. «Dudar» es el punto de partida para utilizar todo el conocimiento disponible en nuestra mente, la base que nos ayudará a estimar si arriesgamos demasiado en nuestras decisiones.

No olvidemos que la cualidad de una tarea conlleva el coste percibido, el valor de los incentivos, el valor de logro y el de utilidad. Por ello, el componente valorativo recoge tanto las metas como los valores. Entre las motivaciones más habituales destacaríamos:

- **MÍ por conocer.** Por el placer que siento por mejorar mis conocimientos.
- **MÍ por rendir**. Porque me permite afianzar mi deseo de control.
- **MÍ de estimulación**. Por las sensaciones que me produce.
- **Regulación por identificación**. Porque cuando gano me siento importante.

- **Regulación por introyección**[46]**.** Para sentirme envidiado por otros.
- **Regulación externa.** Para satisfacer mis sueños.
- **Desmotivación.** Gano dinero pero a veces me pregunto cuál es el precio.[47]

El pilotaje del margen está en manos de los deseos y las motivaciones de los profesionales. Si pretendemos lograr que nuestro equipo se responsabilice del margen, antes de pedir responsabilidades hemos de valorar qué motiva al gestor porque de cada tipo de motivación se derivan actitudes distintas. Imaginemos una empresa de raíz internacional que vende servicios en un país concreto y que ha de responder a unos socios. El director de operaciones sigue en ella simplemente para ampliar sus conocimientos. Al director comercial únicamente le motiva su sueldo y se cuestiona continuamente por qué sigue en la compañía si su entorno no es el deseado. Uno de los socios ejerce de *controller* únicamente para obtener el reconocimiento de los demás y sentirse envidiado. Al director general sólo le importa ganar para sentirse importante. Por ningún lado aparece el margen como elemento integrante de todos. En este caso, la compañía

---

46 Proceso inconsciente que consiste en la internalización de representaciones psíquicas de objetos externos bien sea odiados o amados, con la meta de establecer cercanía y presencia constante de ese objeto; se considera un mecanismo de defensa inmaduro. En el caso de un objeto amado podemos observar cómo disminuyen la ansiedad consecuencia de la separación o las tensiones que nacen de la ambivalencia hacia ese objeto.

47 Carlos Villoria, Javier González-Marqués y M. Rosario Martínez-Arias (Universidad Complutense de Madrid), «Un nuevo análisis cognitivo del pensamiento del jugador: componentes motivacionales en los juegos de azar con apuesta», *Revista Electrónica de Motivación y Emoción* (*http://reme.uji.es*).

debería replantear su estructura. Si no lo hace, estará a expensas de sus clientes, a quienes estas situaciones no les pasan desapercibidas. En el mercadeo cada vez apretará más el margen en contra de la empresa y ésta irá perdiendo posiciones. Pilotar el margen es trabajar para que los profesionales asuman sus responsabilidades. Toda empresa ha de aceptar que el negocio es efímero y que se deben fijar objetivos claros y cuantificables.

Para gestionar una organización hay que recurrir al ingenio y, sobre todo, generar emociones a las personas que la componen, como ya adelantara en 1999 Maria-Therese Hoppe. La directora de investigación del Copenhagen Institut for Futures Studies afirmaba: «Después de la sociedad de la información, entraremos en la sociedad de los sueños...» y, en las empresas, «el sueño deberá ser compartido por la dirección...». Esto implica crear valores intangibles, entre ellos, el de pilotar el margen. Sólo así dejará de ser un mal sueño para muchas organizaciones.

Toda empresa debe potenciar el pilotaje del margen otorgando a su personal licencias para actuar y tomar decisiones, es decir, gestionando la situación con interés participativo podrá pilotarse mejor el margen. Los empleados motivados son garantía de un mayor éxito en la consecución de los objetivos fijados. A los profesionales desmotivados los denominamos *happy losers*. Son aquellos que no profundizan en los problemas y que no hacen más que esquivarlos. De ellos es de quien debemos protegernos.

La rentabilidad de la empresa gira alrededor del margen y de cada actor o *stakeholders*[48]. Es importante dotar de

48 Freeman fue uno de los primeros en acuñar el concepto de *stake-*

mayor competitividad a la empresa, término que entendemos de forma absoluta, sin valoraciones medias: se es o no se es competitivo. Una empresa competitiva es aquella que ocupa en el mercado la posición que su dirección general cree que le corresponde en función de los recursos aportados. Éstos afectan a dos ámbitos de la empresa: el interno y el externo. Los empleados son el recurso crucial en el interior de la empresa, son los pilotos que desarrollan iniciativas para conseguir su bienestar dentro de la compañía. Los externos son proveedores y clientes. De aquí que podamos decir que la cadena del valor del margen la forman «proveedores-empleados-clientes» *(stakeholders).* El círculo que crean es el universo que debemos explorar. Un *win-win-win* donde todos ganamos y todos perdemos si no aflora el margen previsto. La mejor forma para pilotarlo pasa por crear una comunidad.

Pero… ¿quiénes deben ser los actores dentro de la empresa? La cadena del margen se compone de los eslabones: I+D, recursos humanos, marketing, logística, calidad y comercial. O lo que es lo mismo: los profesionales que tienen que ingeniar el producto, los que lo gestionan, los que conocen los diferentes nichos de mercado, quienes lo distribuyen, los que aseguran la calidad del producto y, por último, los que saben venderlo. Cada parte de esta cadena debe pilotar el margen. ¿La forma? Obtener datos para

---

holder como el poseedor de una parte de los intereses de la empresa. De esta manera iba más allá del tradicional concepto de *stockholder*, poseedor de acciones como propietario de la empresa, para abarcar a cualquiera que tuviera un interés en la empresa: desde los clientes hasta los proveedores pasando por la propia comunidad en la que estaba localizada la actividad de la empresa. Véase, Freeman, R.E.: *Strategic Management: A stakeholder approach*, Boston, Pitman, 1984.

transmitir la información en su correspondiente formato de pequeñas cápsulas. Breves, concisas y, sobre todo, útiles. Los datos emitidos y sus resultados permitirán a la dirección general instrumentar órdenes basadas en una rutina o métrica de actuación. Con ella podrán reconfigurarse y reingeniarse las estrategias de aquellas funciones que tengan fisuras. Es el plan de concreción subyacente del sistema.

Se trata de desarrollar una generación de pilotos del margen portadores de intereses para la empresa *(stakeholders society)*. La organización ha de confiarles materias primas, medios productivos y tiempo para que los gestionen de forma correcta.

Pintura: pocos datos en pocos segundos

Gracias al *feedback* las diferencias entre los objetivos del margen y la realidad deben estar anunciadas en su correspondiente cápsula como un dato correctivo; ya indicaba Brabandere: «Los *feedbacks* son mecanismos de corrección que permiten permanentemente evaluar la distancia entre lo que es y lo que debería ser»[49].

El *feedback* nos ayuda a conocer lo que tendría que haber ocurrido y lo que realmente ha sido. Adquirir datos correctivos en tiempo real a través de una herramienta de información que se anticipa y prevé repeticiones de las mismas tendencias, nos ayuda a aprender y a combatir el despilfarro de recursos. El flujo de conocimiento debe llegar a todas las personas de la cadena empresarial mediante un sistema del que hablaremos

49 Luc De Brabandere: *The Forgotten Half of Change: Achieving Greater Creativity Through Changes in Perception*, Kaplan Business, 2005.

más adelante, el *Visual Intelligent BackOffice*, que se encarga de ejecutar la corrección directamente al centro del negocio. Es el punto de ajuste que puede hacer que ganes o pierdas margen. Las tecnologías de la información y la comunicación (TIC) y las posibilidades de la telemática, es decir, de la informática inteligente, permiten conectar a los gestores con todos los componentes de la cadena de valor a través de las fuentes de información, los datos *online*... Y, por lo tanto, sobre el ViBO podrán asentarse las estrategias para solucionar las desviaciones en el presupuesto.

Como podemos ver en el siguiente gráfico, la información fluye de esta manera: dato, piloto del margen, repercusión en el objetivo margen, medida correctiva, conocimiento.

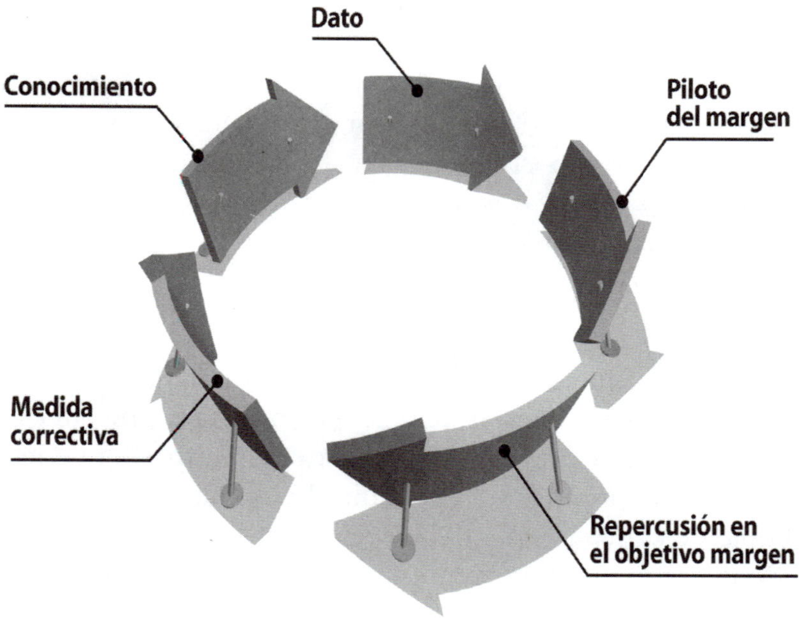

El flujo de la información

Einstein escribió:

«Las palabras o el lenguaje, ya sea escrito o hablado, no parecen jugar ningún papel en mi mecanismo de pensamiento. Las entidades físicas que parecen servir como elementos del pensamiento son ciertos signos e imágenes más o menos claras que pueden reproducirse y combinarse "voluntariamente"... Los elementos antes mencionados son, en mi caso, de tipo visual y muscular. Las palabras u otros signos convencionales tienen que buscarse laboriosamente sólo en una segunda etapa, cuando el citado juego asociativo está suficientemente establecido y puede ser reproducido a voluntad[50]».

Pilotar el margen es tabular los datos para que sean fácilmente accesibles e inteligibles. Han de estar listos para ser tomados, como la copas de champán en las bandejas de los camareros. Al pilotar el margen no tenemos tiempo para profundos razonamientos filosóficos porque hemos de pasar de un dato bruto a la adquisición de conocimiento. Así de rápido y así de directo. No podemos perder ni un segundo en divagaciones. El margen no puede esperar.

Davenport y Prusak[51] plantean que los datos son «un conjunto de hechos discretos y objetivos sobre acontecimientos». También señalan que «los datos no contienen un significado inherente. Los datos sólo describen una parte de lo que sucedió, no incluyen opiniones ni interpretaciones, como tampoco bases sólidas para la adopción de medidas». Para nosotros, los pilotos del margen, el dato es la unidad

---

50 Citado en Rosa Yáñez, *Mentes y máquinas, http://talika.eii.us.es/~rosa/mentesymaquinas.pdf.*

51 Davenport y Prusak: *Conocimiento en acción. Cómo las organizaciones manejan lo que saben,* 2001.

más simple y pequeña que se encuentra dentro del conocimiento. A diferencia de lo que plantean Davenport y Prusak, los datos poseen carga interpretativa al ser registrados por una persona situada desde una perspectiva particular. El registro de los datos no es un acto completamente aleatorio, sino que es un proceso en el cual influyen numerosos factores como el contexto cultural, los conocimientos, las necesidades, etc.

Consideramos que la información está constituida por datos que han sido estructurados, jerarquizados y ordenados con una intencionalidad y propósito. En cambio, para Davenport y Prusak la información es «un mensaje, generalmente en forma de un documento o de una comunicación audible o visible, que tiene un emisor y un receptor. La información apunta a cambiar la manera en que el receptor percibe algo, apunta a modificar su criterio y su conducta». La definición de los dos autores americanos incluye las acciones de comunicar y persuadir, las cuales no le son propias a la información. Peter Drucker plantea que la información engloba datos dotados de relevancia y finalidad. Para ello, para transformar datos en información hace falta conocimiento. La información constituye un paso superior de complejidad y amplitud de los datos porque posee una intencionalidad y propósito determinados. Éstos están influidos por el contexto, la cultura, las circunstancias, las necesidades… de las personas que transforman los datos en información.

El conocimiento es un concepto más complejo que los dos anteriores y, por tanto, resulta más difícil de definir. Según Davenport y Prusak, «el conocimiento es una mezcla de experiencia estructurada, valores, información contextual que proporciona el marco para la evaluación e incorporación experta de nuevas experiencias e información. En las organizaciones, con frecuencia no sólo queda arraigada en documentos o bases de datos, sino también en las rutinas, procesos y normas institucionales». Nonaka y Takeuchi afirman que el conocimiento son aquellas «creencias justificadas», definición que sugiere que el conocimiento no se limita solamente al ámbito de lo demostrable, sino que puede abarcar aspectos subjetivos de la persona. Dichos autores plantean que el conocimiento «es un proceso humano dinámico de justificación de la creencia personal en busca de la verdad» y consideran que la información es el medio o material necesario para extraer y construir el conocimiento. En definitiva, el conocimiento deriva de la información, la cual a su vez proviene de los datos.

Las investigaciones de Nonaka y Takeuchi recogidas en el libro *La organización creadora de conocimiento* provienen de sus experiencias profesionales en compañías japonesas y de su tarea docente e investigadora en las universidades de Harvard, Berkeley, Nanzan y Hitotsubihsi. Esta obra explica cómo las compañías japonesas han conseguido exitosos resultados económicos gracias a la creación de conocimiento organizacional. Consiste en generar nuevos conocimientos, extenderlos entre los miembros de la empresa y materializarlos en productos, servicios y sistemas. Estos autores diferencian dos tipos de conocimiento: explícito y tácito. El conocimiento explícito puede ser transmitido con palabras o números y es fácil de compartir mediante datos, fórmulas científicas, procedimientos o principios universales. El conocimiento tácito es muy personal e interno, tiene sus raíces en lo más profundo de las acciones y en la experiencia individual, los ideales y los valores o emociones de cada persona. Como no es fácil de plantear con palabras necesita metáforas y símbolos para poder ser explicado. La intuición, las ideas y las corazonadas subjetivas forman parte de él. Nonaka y Takeuchi consideran que el conocimiento tácito es más importante que el explícito porque están influenciados por su tradición filosófica basada en la unidad hombre-naturaleza, mente-cuerpo y uno mismo con otro. Dan mucha más importancia a la subjetividad, a las intuiciones, a las emociones y a la experiencia personal y física que a los principios universales o a las fórmulas científicas establecidas. Aunque los empresarios occidentales creen que esta consideración es la clave del éxito de las compañías japonesas, los economistas de Occidente se centran en el conocimiento existente e ignoran la creación activa y subjetiva. Tratan la economía de forma científica y aceptan la visión cartesiana del conocimiento, separan el conocimiento económico del sujeto económico.

Ambos autores también promulgan que la interacción entre conocimiento tácito y explícito constituye la dinámica central de la creación de conocimiento en las organizaciones, la llaman «espiral de conocimiento». Además, aseguran que las compañías japonesas crean conocimiento a través de la conversión de conocimiento tácito en explícito, proceso considerado como una ventaja competitiva respecto a las empresas occidentales. Este tema se retomará en el siguiente capítulo.

No olvidemos que la dirección general de una empresa sabe lo que quiere y debe disponer de los recursos para conseguirlo. Pero si no se han tomado las decisiones correctas, los resultados no serán los deseados. Hemos de tener presente en nuestro quehacer cotidiano que cualquier problema, si se plantea a la dirección con suficiente antelación y con todos los datos disponibles, tendrá rápidamente una solución. Y ¿qué ocurre cuando los problemas se transforman en pérdidas? ¡Es evidente que algo ha fallado!

Imaginemos que en una empresa sólo surgiera un problema cada tres meses y que todo el cuadro directivo estuviese preparado, fresco de mente, reactivo, resiliente. Y que, además, tuviera a su disposición un dispositivo *online* con la capacidad de disponer de todo el conocimiento de los empleados. ¿Qué opináis? ¿Que no existe este tipo de empresas?

Estimular y esperar lo máximo de los profesionales en todos los niveles de ejecución, mando y desarrollo de una compañía es una labor constante, de persona a persona. Aceptar una situación es el inicio para resolverla. De ahí la importancia de trabajar el dato, la forma básica de la información, para pilotar el margen. A través de él se puede conocer el tipo de obstáculos a los que uno va a enfrentarse. Es necesario asumir que un problema se ha de presentar sin magnificarse y sin quitarle importancia. No debemos consentir que se conduzcan fuera del área de influencia de cada profesional. Para ser un buen piloto del margen se ha de evitar la tendencia a enmascarar los problemas y a añadirles calificativos para ver «quién pilla a quién», como en esta fábula de Carl Sagan[52]:

Un dragón en el garaje

En mi garaje vive un dragón que escupe fuego por la boca. Supongamos que yo le hago a usted una aseveración como ésta. A lo mejor le gustaría comprobarlo, verlo usted mismo.

52 Sagan, Carl: *El mundo y sus demonios*, Barcelona, Planeta, 2000.

A lo largo de los siglos ha habido innumerables historias de dragones, pero ninguna prueba real ¡Qué oportunidad!

– Enséñemelo —me dice usted.

Yo le llevo a mi garaje. Usted mira y ve una escalera, latas de pintura vacías y un triciclo viejo, pero el dragón no está.

– ¿Dónde está el dragón? —me pregunta.

– ¡Oh, está aquí! —contesto yo moviendo la mano vagamente—. Me olvidé de decir que es un dragón invisible.

Me propone que cubra de harina el suelo del garaje para que queden marcadas las huellas del dragón.

– Buena idea —replico—, pero este dragón flota en el aire.

Entonces propone usar un sensor infrarrojo para detectar el fuego invisible.

– Buena idea, pero el fuego invisible tampoco da calor.

– Se puede pintar con spray el dragón para hacerlo visible.

– Buena idea, sólo que es un dragón incorpóreo y la pintura no se le pegaría.

Y así sucesivamente. Yo contrarresto cualquier prueba física que usted me propone con una explicación especial de por qué no funcionará.

Ahora bien, ¿cuál es la diferencia entre un dragón invisible, incorpóreo y flotante que escupe un fuego que no quema y un dragón inexistente? (...) ¿Qué significa decir que mi dragón existe? (...) Lo que yo le pido que haga es acabar aceptando, en ausencia de pruebas, lo que yo digo.

Para los pilotos del margen no existen los problemas, sino los nudos. Un nudo puede deshacerse y, ¡lo mejor!, puede descomponerse en datos concretos.

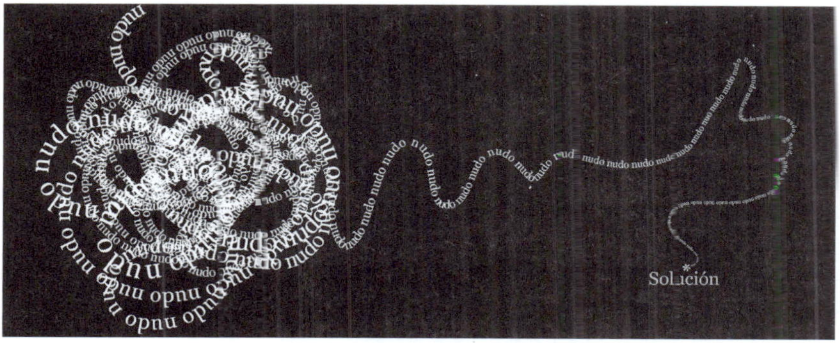

De problema a nudo

Tipificar las soluciones da seguridad, es un ejercicio cognitivo que nos ayuda a estar preparados ante las particularidades de cada nudo; para el que crearemos un nuevo algoritmo resolutivo (concepto que se desarrollará en el próximo capítulo). ¿Acaso parece una tarea complicada?

Esta labor se lleva a cabo a través de la plataforma inteligente Vibo con el fin de prevenir las diferentes fisuras que puedan afectar al margen. Pilotamos el margen proporcionando al sistema online las posibles respuestas a modo de instrucciones. De esta forma, podemos reaccionar rápidamente ante una multitud de datos y estímulos. Por ello hay que ser consciente en todo momento de estas dos cuestiones: ¿Hay algún nudo?… ¡Seguro que sí! ¿Hay algo más que yo deba saber?

Para solucionar un nudo debería darse un proceso similar al de la resonancia mórfica[53]. El milagro de la informática

53 Vía mediante la cual el conocimiento se transmite instantáneamente entre los miembros de una especie independientemente del espacio y del tiempo. Véase Rupert Sheldrake: *Una nueva ciencia de la vida. La hipótesis de la causación formativa*, Barcelona, Kairós, 1990. Rupert Sheldrake proviene del mundo científico, es doctor en bioquímica por la Universidad de Cambridge. Sin embargo, sus teorías no están exentas de polémica, hasta el punto de que cuando su libro *Una nueva ciencia de*

inteligente y de los procesadores de datos lo permiten. En conclusión, lo que no se ve no existe. Visualizar es entender algo en los primeros dos segundos, es reactivar nuestro sistema emocional para discernir: ¿actúo? o ¿no actúo? Si ves la pintura de los datos en tu PC o en tu PDA es fácil reaccionar rápido. No puedes jugártela.

¿Qué comportamiento se activa ante las fisuras en el margen? ¿Qué actitud adopta el profesional que las detecta? ¿Es él quien decide cómo neutralizarlas? ¿Se limita a esperar para ver si desaparecen por sí solas? ¿Sólo piensa en cómo justificarse por afectar a su ámbito de responsabilidades? ¿Algún otro responsable de la organización reacciona? Seguro que a los luchadores del margen les han venido a la memoria numerosas ocasiones donde se hayan dado estas circunstancias. Es humano que esto ocurra porque muchos profesionales trabajan con una presión psicológica que les paraliza y les impide actuar. Por desgracia, hay empleados que, aun teniendo las capacidades y los valores necesarios, no pilotan el margen porque se ponen una coraza que les protege de experiencias negativas al empezar la jornada. Estos profesionales suelen ocupar cargos similares a los de aquellos veteranos ejecutivos del capítulo anterior. Nuestra misión es convertirlos en pilotos del margen. Las actitudes negativas son agobiantes, no dejan respirar al ingenio y coartan la toma de decisiones. Provocan una parálisis organizativa que evita reparar esa fisura concreta aparecida en el margen. Además, estas actitudes falsamente defensivas se

la vida apareció en Inglaterra, *Nature*, la prestigiosa revista científica, le consideró «el mejor candidato a la hoguera que ha habido en muchos años» y sostenía que sería una pérdida de tiempo y dinero el contrastar sus conjeturas.

contagian, ¿por qué se opta por esta actitud de dejar pasar las cosas?

La habilidad de deshacer nudos y de pilotar el margen son tareas amplias y complejas que cambian en función de las necesidades del momento. Es importante basarnos en resoluciones de casos similares para extraer ideas aplicables y útiles. Los pilotos del margen tenemos licencia para usar los conocimientos compartidos que permitan rastrear, atrapar y captar los problemas con el fin de que la empresa sea productiva. Tres verbos, tres acciones que se practican de forma instintiva. Realizadas por separado no evitarían que se nos escapara el margen de las manos como si de una trucha se tratase. El profesional debe estar totalmente dedicado al margen, pues es ciertamente escurridizo, y el riesgo de perderlo crece exponencialmente cuando aumenta de tamaño. Además, no debe permitir situaciones de *crowding*[54], al trabajar bajo presión no lucharía por su parte del margen. Estas situaciones pueden tener diversas causas: las características del ambiente, la formación profesional y cognitiva del individuo, el tiempo que ha permanecido en este estado y su evolución psicológica, posibles alteraciones cognitivas (estrés) y fisiológicas (disfunciones digestivas, dolores de espalda, alergias…) que afectan a su calidad de vida. También nos puede afectar el hacinamiento, ya que desarrolla un alto grado de anonimato.

Rastrear, atrapar, captar, cautivar, retener, penetrar y optimizar son órdenes directas al cerebro, son acciones que

54 *Crowding*: Hacinamiento. Proviene del término inglés *crowd* (muchedumbre). No confundir con el concepto *crowding out*, que se da cuando el gobierno aumenta el gasto público a través de un incremento de los recursos fiscales que provoca la caída del gasto del sector privado.

configuran el *cross* del mercadeo. Su medio de transporte, la emoción. Su objetivo, la amígdala[55]; un gancho directo, un *hook*.

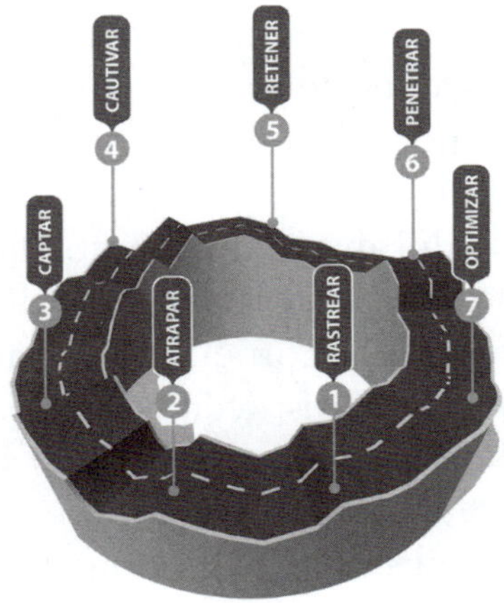

La cadena de acción comercial

¡Los problemas son los que son! Es necesario no olvidar soluciones aplicadas, convertir los problemas en nudos y dotarse de recursos y tiempo para solucionarlos. El tiempo debe tasarse, hemos de cuantificar el coste que representa en la empresa para poder decidir con eficacia qué hacer ante las fisuras del margen. Es preciso decidir qué profesional está autorizado para resolver cada tipo de problema, es decir, la dirección general ha de otorgar la correspondiente licencia al empleado más cualificado. Para ello, se escogerá la clase de individuo más efectiva. En ocasiones, se acertará con los zorros (calculadores, pensadores y materialistas); a veces, necesitaremos leones (conservadores, idealistas y burocráticos)[56]. En ambos casos es imprescindible animarles a transformar el

55 Parte del cerebro que actúa como principal intermediario de las emociones.

56 Clasificación de Wilfredo Pareto.

problema en nudo. Si nuestro equipo no lo consigue, no olvidemos que es difícil cambiar. Es muy complejo que una persona que gestiona con un estilo, por muchos consejos o reprimendas que reciba, cambie sus formas de hoy para mañana, salvo que aparezca en el escenario del margen nuestra amiga la resiliencia[57]. La capacidad de una persona o grupo de personas para seguir proyectándose en el futuro a pesar de condiciones adversas sólo aparece si el profesional tiene la voluntad de cambiar para mejorar o ajustarse a las circunstancias que lo rodean. Según la predisposición a evolucionar, los trabajadores se dividen en «no resilientes» y «pro resilientes». Tener empleados resilientes es, sin duda, el don más preciado que una empresa puede recibir, aunque el cambio no es un hecho espontáneo, sino un acto reflejo provocado por un impulso físico o emocional. A mayor capacidad cognitiva e intelectual aumenta la resiliencia no sólo emocional sino de las neuronas de los sujetos. Un profesional con capacidad intelectual y conocimientos puede sobreponerse a los problemas convirtiéndolos en nudos y salir fortalecido tras el proceso. Algunos rasgos que potencian esta habilidad son: la introspección, la independencia, la iniciativa, el humor, la creatividad y la moralidad. Preguntarse a uno mismo y darse una respuesta honesta, mantenerse a distancia pero sin aislarse de los demás, afrontar los problemas, ver siempre el lado cómico de las situaciones, agudizar el ingenio para ordenar un caos y detectar valores positivos y saber discernir entre lo correcto y lo erróneo son características de una persona resiliente. Los profesionales que creen saberlo todo no necesitan a los demás y

57 El concepto «resiliencia» se ha estudiado en sociedades inducidas a traumas. Un experto en esta materia es Boris Cyrulnik.

acaban siendo seudoautistas, son desplazados por la sociedad como el patito feo del cuento de Andersen[58]. Un recurso interesante de Boris Cyrulnik es el uso del oxímoron[59] para entender el fenómeno de la resiliencia. Una empresa estructurada como un oxímoron revela las dos caras de un problema, permitiendo su transformación en nudo. Si nos situamos en el exterior de la compañía conoceremos la causa que lo ha producido e, investigando en el interior, detectaremos qué responsable debería haberlo evitado. Además, debemos valorar si el profesional tenía los conocimientos, la motivación y la licencia necesarios. Se han de resolver los problemas sin dramatizar pero siendo conscientes de que hay que transformarlos en nudos. Las situaciones proclives al «no margen» arriesgan nuestra misión como pilotos del margen. Para evitarlas, la filosofía de la empresa debe basarse en actitudes pro resiliencia, por ejemplo, potenciando una relación emocional estable con sus empleados —si ayer reconociste mi valía, hoy no la pongas en duda—. Además, no hay que dar una importancia excesiva a los problemas porque «ese problema» no será ni el primero ni el último. El objetivo es colaborar para convertirlo en un nudo. La consecución de esta meta está asegurada cuando nos sentamos en una estrella y observamos lo que ocurre en la empresa, como lo haría Maria-Therese Hoppe. Si encontramos nuestra *yellow star,* nos resultará más sencillo conseguir el cambio. Pero, ¡no olvidemos cuantificar el tiempo!

58 Boris Cyrulnik: *Los patitos feos: La resiliencia, una infancia infeliz no determina la vida,* Barcelona, Gedisa, 2002.

59 Figura retórica que consiste en reunir dos términos de sentido opuesto para generar un nuevo significado. Ejemplos: «oscura claridad», «maravilloso sufrimiento».

Para ganar flexibilidad y rentabilidad con las acciones correctivas se necesitan unas medidas que valoren la causa-efecto del problema. De esta forma, la nave-empresa sólo se detendrá para las revisiones técnicas. Las funciones deben estar muy definidas para que diferentes profesionales puedan pilotarla. La concreción de cómo resolverlo todo configura el círculo virtuoso del talento, continuamente se retroalimenta de conocimiento. Hay que atacar lo perjudicial para la empresa, rechazarlo e intentar que no se repita porque, queridos amigos, la realidad es que «no hay dos sin tres» y un piloto del margen ha de estar en plena forma para evitar el «cuatro».

En definitiva, para pilotar el margen se ha de definir quién y cómo se transformarán los problemas en nudos. Entrar en esta nueva concepción del plan empresarial implica poder delegar parte de nuestras responsabilidades a otros profesionales. La cúpula de la empresa, donde se define su esencia y los objetivos por áreas, ha de tener la posibilidad de estar al lado de todos sus empleados de forma virtual pero efectiva. Sólo así se les profesionalizará para alcanzar las expectativas de la organización.

3. La línea de flotación

De problemas a nudos

La forma de solucionar los problemas que aparecen en las empresas es diversa. Depende, básicamente, del estilo de dos grupos de actores diferenciados: el director general y los ejecutivos que configuran la cúpula de mando. Ambos grupos están marcados por el perfil y las connotaciones que han ido adquiriendo en la compañía a lo largo del tiempo. Desde las adaptaciones iniciales relacionadas con la esencia de la empresa, hasta las imperiosas necesidades de mantener la posición en su correspondiente nicho de mercado. Y, de esta manera, facturar lo necesario para obtener el deseado margen que conduce a los beneficios. Dirección general-cúpula de ejecutivos, empleados, mercado y facturación son los cuatro pilares que sostienen la base de toda organización porque sobre ellos se construye el margen.

¿Puede una empresa obtener beneficios sin margen? Sin duda, creemos que ¡no! El margen destila gota a gota los beneficios, se alimenta de la productividad (no confundir con la actividad) y se genera en el desempeño de las funciones del día a día de todos los profesionales. ¡Así de sencillo! Los pilotos del margen lo tratamos como si tuviese vida propia y dialogamos con él. Le interrogamos con una serie de preguntas para poderlo ayudar. Queremos ser amigos del margen. Por eso, nuestro cometido es desarrollar un sistema que lo arrope por los cuatro costados.

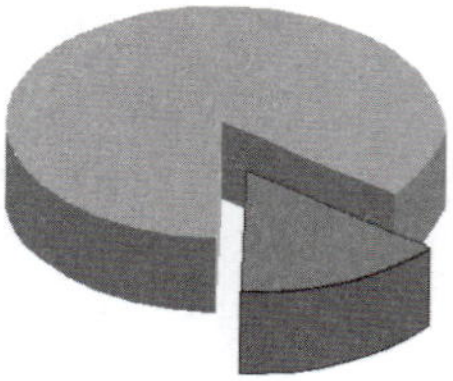

A cada profesional de la empresa le toca una porción del margen.

Cada empleado gestiona su parte con el objetivo de aportar beneficios. ¿Qué altera esta gestión? ¿Qué nos impide entrar por la mañana, llegar a nuestro puesto de trabajo, mirar la agenda y prepararnos para debatir los temas de siempre con los demás? Sin duda «el problema», los inevitables problemas de cada día.

Proponemos hacer las cosas de forma sencilla. Para empezar, definiremos qué se entiende por problema en distintos ámbitos. Así simplificaremos la deducción de las variables que permiten resolver los problemas al convertirlos en nudos. Este ejercicio de reflexión ayuda a adaptar conceptos tradicionales.

> «Un problema suele ser un asunto del que se espera una solución. En matemáticas, un problema es una pregunta sobre objetos y estructuras matemáticas que requiere una explicación y demostración. Estas preguntas pueden ser muy específicas (¿cuáles son las soluciones reales de $x^2+1=0$?) o bastante generales (¿por qué estos números aparecen en situaciones aparentemente muy distintas? Formule y demuestre una conjetura). En la sociedad, un problema puede ser algún asunto social particular que, de ser solucionado, daría lugar a

beneficios sociales como una mayor productividad o una menor confrontación entre las partes afectadas. Para exponer un problema y hacer las primeras propuestas para solucionarlo, se debe escuchar al interlocutor para obtener más información y hacer preguntas, aclarando así cualquier duda. En religión, un problema puede ser una aparente contradicción entre dos dogmas, como ocurre en el problema del mal (un dios benevolente, omnisciente y todopoderoso permite la existencia de maldad y sufrimiento) y el problema del infierno (el mismo dios permite que algunos sean torturados eternamente en el infierno). En filosofía se refiere a algo inquietante que perturba la paz de quien lo tiene[60]».

Pilotar el margen es crear un procedimiento para ordenar la información de tal modo que los profesionales de la empresa puedan resolverlo. Cuando estas facilidades están resueltas entendemos que se ha pasado de un problema a un nudo. Un problema perturba el logro del objetivo margen. Lo podemos definir, cuantificar y, además, conocer su origen. Éste se suele asociar al empleado ubicado en el lugar donde ha surgido el incidente. Todo problema puede ser nuevo o darse de forma repetitiva. En cualquier caso, ha de haber una persona capacitada para evitar su nacimiento, las complicaciones deberían aparecer sólo de manera excepcional. La búsqueda de este origen ha de ser sencilla.

Hablando hace unos días con un gran profesional de una institución pública surgió un tema importante para pilotar el margen. Nos comentaba que debe dar salida a múltiples problemas y que, por el tiempo material del que dispone, ha de priorizar las tareas. Esto mismo les ocurre a la mayoría de

60 *http://es.wikipedia.org/wiki/Problema*

ejecutivos. Al recomendarle un artículo sobre un tema relacionado con su actividad, cual fue nuestra sorpresa cuando respondió de forma amable y telegráfica: «Ahora estoy resolviendo tal cantidad de asuntos que sólo presto atención a aquellos cuya esencia puedo analizar para solucionarlos». Y añadió: «Sólo ante aquellos problemas que me permitan investigar su origen con suficiente información y detalle tengo posibilidades de aplicar una solución y, como consecuencia, de olvidarme de ellos para siempre». En definitiva, esencia y origen de los problemas. Este es el orden racional establecido para llegar a la solución.

Pilotar el margen es seleccionar la solución que más ayude a su consecución. Por ello, se ha de plantear un abanico de alternativas para decidir cuál es la conveniente. Se trata de que, una vez acotado el nudo, tengamos una descripción elemental para conocer las partes que compondrán la solución. Nos basamos en el siguiente algoritmo resolutivo:

$$\text{NUDO} = \frac{\text{Descripción precisa del nudo}}{\text{Preguntas sobre el nudo}}$$

Los pilotos del margen disponemos de una cápsula de conocimiento formada por cinco componentes que nos permiten deshacer el nudo:

Anatomía del margen

N-1	$\frac{\text{Descripción}}{\text{¿Dónde está su origen?}}$
N-2	$\frac{\text{Descripción}}{\text{¿Qué profesional está en dicho origen?}}$
N-3	$\frac{\text{Descripción}}{\text{¿Es nuevo o es repetitivo?}}$

N-4	Descripción ¿Cuánto afecta al margen?
N-5	Descripción ¿Quién es el responsable de solucionarlo?

Estos conocimientos se deben transmitir a la red de la organización. Entonces, es el momento de valorar si el responsable del área afectada tiene los recursos necesarios para haber evitado el problema o, al menos, para solucionarlo. De esta forma, se llega a una respuesta de tipo binario: «Sí, sabe resolverlo» o «No, no sabe resolverlo». De no ser así, es necesario intervenir para que la organización aporte talento y genere una solución óptima que nos permita llegar a nuestro destino: el margen.

Es de esperar que este procedimiento no haya sorprendido a nadie, pues es la forma racional de alcanzar soluciones. Pero, en la práctica, las empresas interrumpen esta cadena de preguntas y respuestas, dando como resultado un nuevo problema que se suma al original. Pilotar el margen es establecer este dinamismo resolutivo y ejecutar mediante un protocolo de comunicación disponible en cada puesto clave de trabajo.

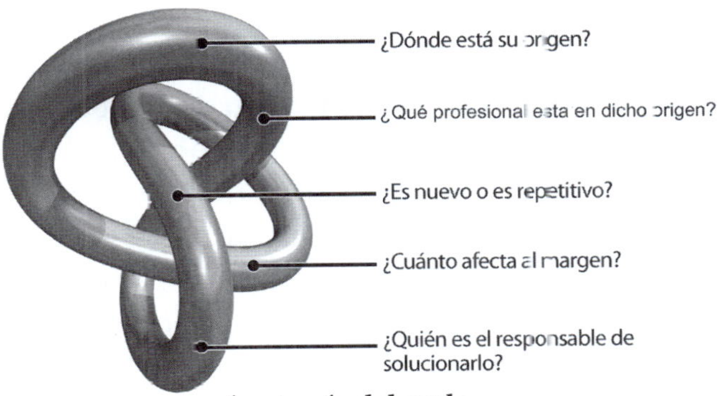

Anatomía del nudo

Lo complejo es decidir a quién le planteamos el problema para obtener la solución adecuada, entramos en la dicotomía «a mí» o «al otro»:

- ¿Me corresponde A MÍ dar la solución?
- ¿Es AL OTRO a quien le corresponde?

Son preguntas clave antes de empezar a solucionar problemas. Además, los pilotos del margen han de hallar una respuesta lo más elemental y natural posible al algoritmo resolutivo. Al estilo oriental, «sin ruido» alguno, como el sol «que aparece todos los días al amanecer y se oculta al anochecer, sin que se aprecie el menor ruido, de forma natural y desapercibida para casi todos». Es decir, con la espontaneidad con la que damos los «¡Buenos días!» cuando uno está optimista. Ésta es una filosofía de conducta que hay que seguir a la hora de buscar soluciones y transformar los problemas en nudos.

¿Quién está predispuesto a solucionar los problemas? Aquel profesional cuyas actividades se desarrollan en un ambiente ético y responsable generado por una actitud positiva. No lo estará aquel que se mantiene en el error de que los problemas incomodan. Hay que estar predispuesto a buscar soluciones en todas direcciones y de forma continuada. Pilotar el margen es aplicar esta capacidad resolutiva. Un buen pilotaje implica detectar a aquellos responsables que son incapaces de lograr sus objetivos pero que creen sentirse seguros manteniéndose en el falso calor de su error, acomodados en sus puestos de trabajo, dejando pasar el tiempo. Muchos de ellos no están preparados para reconocer la verdad y, mucho menos, capacitados para darse cuenta de que son parte del problema.

Pilotar el margen es crear y desarrollar una actitud: la predisposición para pedir ayuda, para solicitar los recursos necesarios y la licencia que permita poder ordenar los problemas y llegar a su esencia. Todo el conocimiento incrementa el talento de la empresa. La gestión del talento sigue una dirección vertical que va de abajo arriba. Despotricar y maldecir ante los resultados negativos evidentes bloquea la posibilidad de conseguir una solución porque se parte del problema sin haberlo transformado previamente en nudo. No querer ver el color de la «pintura» del problema e intentar solucionarlo de forma contundente y traumática no lo eliminará. El problema elude el golpe, se oculta para volver a aparecer en otra ocasión y, posiblemente, con mayor virulencia.

Volvamos al caso de la empresa de gran consumo descrita en el primer capítulo en la que el DG actúa cual Espartaco. Hagamos una acrobacia imaginativa, respetando las circunstancias históricas, para valorar la actitud de dicho gerente:

> «Espartaco logró ilusionar para su empresa a más de 120.000 esclavos. En el año 71 a. C., ya con 70.000 a los que organizó y disciplinó de forma similar a las legiones del propio ejército romano; sucumbió; fue derrotado por Craso, que disponía de un ejército muy superior. Fogueado en las campañas de España, a Varinia y al pequeño hijo, Craso los liberó, pero nunca más se supo de la descendencia del líder que se enfrentó al poder de Roma[61]».

Espartaco contaba con sus hombres para resolver las contiendas y condujo a sus gentes hasta la inmolación. Tenía una causa justa por la que luchar, pero se enfrentaba a fuerzas superiores a él. Para las empresas, el poder superior es la globalización. Esta forma de actuar se da en aquellas compañías

61 *http://es.wikipedia.org/wiki/Espartaco*

que no se anticipan al cambio porque son incapaces de promoverlo y, por lo tanto, no se adaptan a las reglas impuestas por la globalización. El valor corporativo más preciado para las empresas ubicadas en la cultura occidental son sus hombres, sus profesionales. Los pilotos del margen tenemos la pretensión de contagiarles la ilusión y motivación necesarias para que hagan sus despegues con criterios elementales sólidos, potentes y enriquecedores que aumenten la inteligencia social en el ámbito empresarial.

Estas organizaciones deben reinventarse y ordenar sus procedimientos de actuación para pasar de la posición «estoy facturando» a la de «tengo el margen bajo control». El DG ha de decidir dónde luchar para hacer más viable el objetivo margen a sus colaboradores.

Pilotar el margen es una filosofía de actuación dirigida a analizar cada una de las partidas que componen un presupuesto. Es anticiparse a la aparición de los posibles problemas y transformarlos en nudos. Si pilotas el margen sabes que hay que ser prudente. Es necesario asumir un poco de temor, ejercer el arte de dudar y plantearse un ordenamiento de la gestión del margen de forma integral, donde la búsqueda de los posibles problemas los haga aflorar y tipificarlos. En el cuadro de ejecutivos de muchas compañías hay profesionales ejerciendo a favor de su propio interés. La empresa de gran consumo del primer capítulo ejemplifica esta situación porque gracias al emprendedor DG la empresa aún se sostiene. Las ganancias obtenidas habrán servido para hacerla crecer y crecer hasta posicionarla en el mercado a un nivel que la facturación le permite vivir el presente, pagar sueldos y arañar beneficios. Pero la dirección sabe que debe aportar más medios de afianzamiento para su consolidación. Dicho en otras palabras, es una empresa que vive al día y que si se para la rueda de la facturación difícilmente podrá liquidar sus compromisos societarios y legales. Es un tipo de organización que todavía funciona porque sus competidores ejercen con estilo y estrategias similares: los problemas se solucionan al estilo de «yo, el gran jefe». El DG domina a todos sus colaboradores, impone sus convicciones y no tiene en cuenta las emociones humanas; es la forma trasnochada de ver los problemas. Es preciso aplicar un revulsivo organizativo para reinventar el negocio y olvidar el procedimiento que ha permitido crecer a la empresa, ya que no es válido para asegurar el futuro. Dirigir una compañía en una situación social donde se imponen nuevas culturas exige hacer un esfuerzo por desentrañar y afianzar el conocimiento individual para que esté disponible, con el fin de poder pasar los problemas a nudos.

Recordemos que en la empresa de gran consumo de nuestro estudio se ha producido el encuentro entre cuatro jóvenes, provistos de los últimos conceptos y técnicas aprendidos en las aulas, y cuatro experimentados ejecutivos veteranos. Ya los hemos conocido, sabemos sus nombres, sus áreas de especialización y conocimiento e, incluso, intuimos sus caracteres y personalidades. A continuación, retomamos el diálogo que nuestros protagonistas mantenían en el capítulo anterior.

– Hemos de rastrear, atrapar, captar, cautivar, retener y penetrar en los nudos para optimizar las soluciones más efectivas —expone Julio.

– ¡Las situaciones son las que son! —exclama Stefan, el *controller* de la empresa, defendiéndose de la mirada del DG.

– Y, ¿quién resuelve qué? —pregunta el director, que ha estado escuchando atentamente las palabras de Julio.

– Para poder encontrar la respuesta a esta pregunta —contesta Paula—, el primer paso es buscar la esencia de los problemas:

$$\text{Esencia} = \frac{\text{Asunto o problema que espera una solución}}{\text{Preguntas sobre el problema}}$$

– Me gusta la formulación que hacéis de los problemas, con la solución que se espera en el dividendo y las preguntas para resolverlo en el divisor —dice Stefan—. Es una imaginativa fórmula de los pilotos del margen.

– ¡Así de sencillo! —interrumpe Mikaela—. Un problema puede tener varias soluciones y se debe decidir cuál es la que más nos conviene.

– Valoramos la más rentable en función del coste resolutivo. Pero ¡cuidado!, lo más difícil es hacer la preguntas oportunas y a quién hacérselas —aclara Mireia.

– Muy fácil —responde Julio—, para eso disponemos de la plataforma VIBO, ¿os acordáis del *Visual Intelligent BackOffice?*

– Claro, se supone que tiene datos para responderme —contesta el DG.

– Naturalmente, pero primero tenemos que organizar el sistema de captación de datos. Debemos localizar los problemas más significativos, indicando si aparecen con frecuencia y qué responsable se encarga de esa área —explica Stefan.

– Yo puedo colaborar aportando los problemas que tuvieron los promotores en los puntos de venta durante la pasada campaña —expone Jaume, el director comercial, adelantándose a los demás.

– Lo más importante de todo lo que he escuchado es tener la posibilidad de saber a quién le corresponde dar la solución —interrumpe Juan Antonio.

– Lo has entendido muy bien —comenta Paula—. En nuestro sistema de pilotar el margen el primer trabajo es justamente definir quién debe resolver cada tipo de problemas. Es el inicio para pasar al concepto nudo.

– ¿Mi nudo? o ¿es el nudo de otro? —interviene el DG—. Pues por mí, ¡ya podéis empezar a trabajar!

Los límites del margen en la línea de flotación

La reunión ha finalizado, pero Jaume y Mireia se quedan unos minutos más conversando:

– En el ambiente hipercompetitivo provocado por la globalización, un empresa para lograr resultados ha de vivir hoy pero estar mirando al futuro; es el ahora y el mañana —afirma Jaume—. Me gustaría hacer una «simulación de vuelo» para pilotar el margen en mi área de trabajo que, como sabes, está relacionada con todo el tema de ventas.

– Bien, ¡vamos a ello! Mira, Jaume —empieza Mireia—, imagina que el margen que gestionas para tu empresa es un gran buque que está en alta mar navegando, cargado con todos los pedidos que has podido cerrar. Por pura física, cuanto más peso transportes más sube la línea de flotación. Te lo concreto: las bodegas son todo el espacio que tienes para colocar los pedidos y poder cumplir tu compromiso de margen. Lo ideal es que cargues hasta llegar al nivel de la cubierta del barco. Los clientes a los que has podido vender están por encima de la superficie del mar y las ventas no cerradas están por debajo. Cuanto más cerca está el pedido de la línea de flotación más probabilidades ha habido de perder el contrato. Esto también ocurre con las ventas no cerradas, cuanto más se aproximen a dicha línea más cerca se ha estado de conseguirlas. Resumiendo, tenemos un buque navegando con operaciones cerradas y fracasadas, a unos clientes les hemos vendido y a otros no. Todos están situados respectivamente por encima o por debajo de la superficie del agua —Mireia gesticula con una sonrisa temerosa, intenta motivar a Jaume—. Dentro de un tiempo ¡fíjate! Algunos de los clientes que están sobre la línea de flotación pasarán a estar debajo del mar. Ocurre por distintos motivos: la competencia trabaja, cometemos errores... Y, por el contrario, los que ahora están bajo las aguas pueden pasar a estar sobre la línea de flotación. Ahora, vamos a reflexionar sobre ello como pilotos del margen —señala Mireia—. Lo fundamental es ver la situación desde la mayor altura posible, ver la perspectiva del conjunto: la pintura.

Sobre la línea del margen

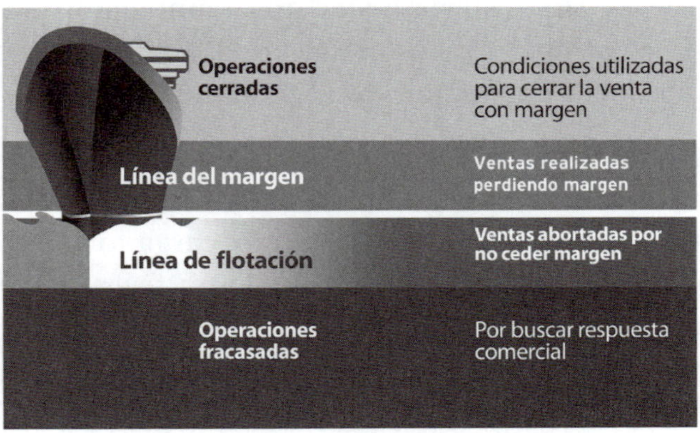

– Creo que lo he entendido —afirma Jaume—. Para pilotar el margen cada situación requiere un tratamiento y una reflexión. Esto nos permitirá obtener datos y transformarlos en información que se convertirá en conocimiento inferido y, a posteriori, en talento para la empresa.

A continuación, se desarrollan y esquematizan los conceptos necesarios para analizar cualquier situación:

Cuadro de análisis de situación

1. Posición sobre la línea de flotación:

Situación 1.1. Operaciones cerradas con éxito, es decir, dentro del margen comercial previsto.
Situación 1.2. Operaciones cerradas con determinadas concesiones, estamos ganando menos de lo objetivado. Hemos tenido que ceder perjudicando el margen previsto.

2. Posición bajo la línea de flotación:

Situación 2.1. Operaciones que no han podido cerrarse por no haber cedido a las condiciones exigidas por el cliente. No hemos podido ceder por salirse totalmente de nuestros objetivos de margen.
Situación 2.2. Operaciones que no se han llegado a plantear a cliente, no ha habido negociación comercial por diversas causas vinculadas con él:

- Cliente fidelizado por la competencia.
- Cliente perdido por haber tenido problemas de precio con nuestra empresa.
- Cliente perdido por haber tenido problemas de diversa índole con nuestra compañía.
- Cliente que ha solicitado que le vendamos y no lo hemos hecho por problemas de logística.
- Cliente que no hemos contactado por limitaciones de nuestra logística.
- Cliente que cedemos a la competencia por razones estratégicas, generalmente por tener algún tipo de característica conflictiva.
- Clientes cuya existencia nos es desconocida.

Son posiciones que se alternan en el mercadeo. Sin un pilotaje del margen efectivo se pierde el control y los clientes pueden cambiar su posición, dificultando nuestra llegada al deseado destino: el margen. Cuando una empresa aprovecha el talento de sus profesionales es más sencillo evitar que se produzcan cambios que provoquen la aparición de problemas. Utilizando la experiencia y las energías aportadas en soluciones adoptadas anteriormente deshacemos los nudos sin dificultad. El conocimiento ha de fluir por toda la red de la compañía. Centrémonos en las negociaciones que se realizan cerca de la línea de flotación:

a) Operaciones cerradas con determinadas concesiones.
b) Operaciones que no han podido cerrarse por no haber cedido a las condiciones exigidas.

Estas acciones indican nuestros puntos débiles. Deben analizarse y lanzar la información a toda la organización para reforzarlos. El presupuesto contempla el ingreso por ventas con concesiones como positivo pero realmente deteriora la consecución del margen. Además, el presupuesto tampoco tiene que incluir a los clientes potenciales cuyas condiciones no podemos aceptar (descritas en 2.2), sólo serán válidos para campañas futuras.

En el caso de las ventas con pérdidas de margen, podemos imaginarlas como el daño que un torpedo de superficie puede hacer a un buque. Dependerá de la potencia del impacto o del número de impactos, que la nave-empresa tenga reparación y pueda permanecer a flote. Cuando no se vende por exigencias inaceptables, las bombas impactan por debajo de la línea de flotación y aparecen fisuras graves de muy difícil reparación. No poder atender las necesidades del mercado con condiciones de venta aceptables es de alto riesgo para la supervivencia de la empresa. Aquí es donde el sistema de pilotaje del margen lanza su cápsula *mayday* para informar a todos los responsables de la causa por la cual no se ha atendido la petición del cliente; ya sea el precio, las condiciones del servicio o la debilidad en las prestaciones del producto. De este modo, la información llega al responsable de solventar la deficiencia y se ejecuta el protocolo previsto para deshacer el nudo.

Fisuras en el margen

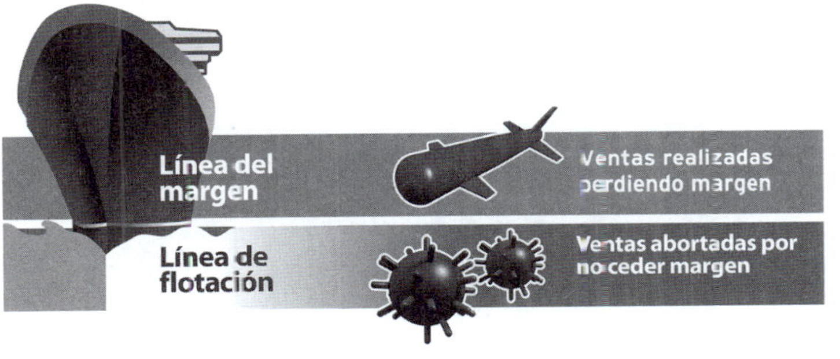

Este es un ejemplo de cómo pilotar el margen en una de las áreas de la empresa, en este caso las ventas. Este sistema debe despertar la imaginación de los profesionales para pasar de la información a la generación de emociones. Nuestro equipo de trabajo se ha de caracterizar por la inventiva y la empatía, ya sea con el compañero o con el cliente. Sólo utilizando la imaginación al ponerse en la piel de otro podremos pensar de forma innovadora, es decir, *thinking outside the box.* Debemos ser capaces de crear un escenario diferente para ofrecer soluciones nuevas y definitivas. Hay que entrar en la sociedad de los sueños, de la observación, si queremos comparar nuestras ideas con otras soluciones a problemas similares para ingeniar algo novedoso.

Para esta labor hay que involucrar a todo el equipo, pero antes preguntémosle qué quiere. Todos los empleados piden «buen rollo», amistad, tener tiempo, sentir emociones y experiencias... Estos valores no tangibles pueden diferenciar a nuestros profesionales de los demás.

Cómo aprovechar las pérdidas para transformarlas en talento

Convertir una pérdida en un activo —«otra pirueta en el aire»— es la necesidad de tecnificar esta situación, hemos de aportar datos para alimentar el Vibo:

El talento alimenta nuestra plataforma Vibo

En el fondo, estamos hablando de gestión del conocimiento, un concepto que en nuestro país no ha tenido mucha fortuna pero que es clave para entender la gestión moderna de las empresas. En efecto, desde hace una década estamos asistiendo a un cambio de paradigma en el entorno empresarial: el conocimiento es cada vez más imprescindible para el rendimiento organizativo. De aquí que, hoy en día, su gestión se haya convertido en un enfoque importante de los problemas empresariales relacionados con la competitividad y la innovación. La práctica de la gestión del conocimiento ha convencido a muchos profesionales de la necesidad de evitar los costosos problemas que se asocian a «reinventar la rueda cada día». Las empresas necesitan encontrar formas de conseguir información de proyectos y operaciones realizados en otro lugar y momento, ya hayan sido un éxito o un fracaso, de todo se aprende.

En este sentido, las TIC, a través de aplicaciones de gestión del conocimiento, ayudan a agrupar y a capturar las experiencias de los profesionales para hacerlas accesibles a los demás componentes de la empresa y que se puedan utilizar en otras ocasiones. En la actualidad, disponemos de herramientas que pueden facilitar la exploración del conocimiento, se encargan del seguimiento y la identificación de nuevas opciones a través de la creación y la construcción de información. El creciente énfasis en los «activos basados en el conocimiento», en el «trabajo intensivo en conocimiento» y en los «profesionales del conocimiento» como fuentes elementales de la productividad en la sociedad contemporánea sugiere que el interés actual por la gestión del conocimiento no es fruto de una moda pasajera sino que está llamado a perdurar. Esto no quiere decir que, con anterioridad, no fuese un tema importante. No obstante, lo que lo diferencia del período actual es un cambio en los esquemas de la producción de conocimiento, hoy en día actúa sobre sí mismo en una acelerada espiral de innovación y cambio. En términos organizativos, las estructuras favorecidas, la descentralización, las formas de organización en red, la gestión de procesos y el aumento del uso de las TIC acompañan a la «nueva era». Sin embargo, como las empresas se extienden a lo largo del tiempo y el espacio y se reestructuran a través de equipos virtuales y redes de trabajo, se pierden las oportunidades de intercambio de conocimiento y de aprendizaje que provocan la proximidad física y la especialización.

Las empresas reconocen cada vez más la importancia de las iniciativas de gestión del conocimiento. Pero no existe una única definición de este concepto, en general el término se relaciona con el esfuerzo por desentrañar y afianzar el conocimiento individual de manera que esté disponible como recurso organizativo. En este sentido, las compañías que dependen del conocimiento como ventaja competitiva son menos propensas a que los individuos «salgan por la puerta» con este activo principal. Nuestro propósito no es dar definiciones, ya que tanto el conocimiento como la gestión del conocimiento se entienden mejor como complejos conceptos de múltiples niveles y facetas. Por tanto, el alcance del término gestión del conocimiento se amplía al de cualquier proceso o práctica de creación, adquisición, captura, intercambio y uso de conocimiento, en cualquier parte que mejore el aprendizaje y el rendimiento en las organizaciones. Cabe destacar que esta gestión forma parte de un debate más amplio que trata sobre las demandas cambiantes del entorno empresarial y las fuentes de competitividad en economías avanzadas. Dicho debate ha hecho surgir numerosas preguntas sobre las formas de organización, la gestión de las personas y el papel de la tecnología.

Detrás de la voluntad de impulsar la gestión del conocimiento está la visión de la empresa «basada en los recursos»[62],

62 Véase, por ejemplo, Foss, Nicolai J.: *Strategy, Economic Organization and the Knowledge Economy: The Coordination of Firms and Resources*, Oxford University Press, 2006.

en la que el capital intelectual asume mayor importancia que el capital financiero. Se da prioridad a la identificación y captura de los activos basados en el conocimiento de la empresa para que puedan explorarse, explotarse y protegerse por completo. La exploración y explotación del conocimiento requieren la puesta en marcha de procesos y herramientas de apoyo que permitan acumular el conocimiento de los profesionales y transmitirlo a los demás miembros de la empresa a través de una aplicación sencilla. Herramientas como el vibo, basadas en las TIC, desempeñan un papel claro en la «nueva era del conocimiento». Pueden facilitar la explotación eficaz del conocimiento y reducir el porcentaje de reinvención que se lleva a cabo. Sin embargo, hay que reconocer que no todo el conocimiento que es «conocido» dentro de la organización se codifica y se transfiere sin problemas; tampoco todo el que se suministra se encuentra y se aplica con facilidad. Considerar que el conocimiento se construye, negocia e interpreta socialmente lleva a la posibilidad de que la tecnología pueda facilitar su gestión pero también dificultarla según el uso que se haga.

No obstante, la herramienta tecnológica si bien necesaria no es suficiente. Hace falta tener en cuenta a las personas. Muchos proyectos de gestión del conocimiento se centran en la captura, codificación y explotación del conocimiento de los empleados por medio del desarrollo de mejores herramientas y métodos pero no tratan la gestión de personas. Para acercarnos a una organización inteligente hemos de dar prioridad a las personas. Para sacar provecho de la capacidad de aprendizaje de una empresa y de sus empleados es necesaria la gestión de aspectos complejos. A menos que los aspectos de compromiso, confianza, cultura y liderazgo se tengan en cuenta, los empleados no estarán dispuestos a comprometerse. Para que una gestión del conocimiento tenga éxito se necesita una mezcla entre personas con habilidades, procesos empresariales y TIC.

La gestión del conocimiento está relacionada con las habilidades cognitivas individuales y con las características organizativas e institucionales: sistemas de empleo, esquemas de desarrollo de carrera, diseño de la organización, mercados de trabajo específico de cada sector y comunidades de profesionales. Y se define como el proceso permanente mediante el cual se crea, gestiona, sistematiza y distribuye el conocimiento entre los miembros de una organización. A través de esta gestión las empresas consiguen de forma creciente que sus productos y servicios se doten de conocimiento como elemento generador de valor.

A medida que las compañías crecen son más intensivas en conocimiento y más dispersas globalmente. También aumenta la necesidad de la dirección general de «conocer lo que sabemos». Averiguar quién conoce qué dentro de la organización es un trabajo que puede describirse como un esfuerzo de crear formas de conocimiento del tipo *know-how, know-why* y *know-what.* Las empresas cuentan con personas portadoras de un alto nivel de conocimiento (tácito y explícito) y de experiencia en proyectos innovadores (buenas prácticas); el conocimiento sólo es útil cuando se aplica. Un reto para cualquier empresa que quiera gestionarlo es asegurarse de que el conocimiento articulado en una parte de la organización no es rechazado o ignorado por otra parte simplemente porque hay empleados que prefieren quedarse cerca de su base de conocimiento familiar, por ejemplo, por culpa del síndrome del «no inventado aquí». Un enfoque para superar este problema es el desarrollo de iniciativas de «mejores prácticas y mejor conocimiento». En este tipo de actividades, el comité de expertos responsables para la evaluación de los procesos de conocimiento examina tanto el saber teórico como su aplicación en la compañía y define la mejor práctica. Los diversos grupos que tienen que ver con ese tipo de conocimiento son requeridos para que lo adopten y usen, a no ser que demuestren de forma convincente que han desarrollado uno mejor. Este proceso exige un alto nivel de confianza en la evaluación de la mejor práctica.

El conocimiento tácito, aquél esencialmente personal en naturaleza y, por lo tanto, difícil de extraer de las cabezas de individuos es, a menudo, el conocimiento disponible para una organización. Trabajando desde la premisa de que el conocimiento es intrínsecamente personal y en gran parte tácito, la mejor forma para difundirlo en una empresa es a través de la transferencia de la gente, como «portadores de conocimiento» que van de una parte a otra de la compañía. En una organización el aprendizaje se lleva a cabo cuando los individuos están bajo circunstancias que les animan a compartir sus ideas. El enfoque explícito del conocimiento sostiene que puede ser explicado por los individuos. Por lo tanto, aquel conocimiento que poseen los profesionales y que es de utilidad en una empresa puede ser articulado. Desde la premisa de que las formas importantes de conocimiento pueden ser explícitas, se pueden utilizar procesos formales para ayudar a los empleados a articular el conocimiento con el fin de crear activos. Los activos explícitos del conocimiento se pueden diseminar dentro de una compañía a través de documentos, dibujos, procedimientos de funcionamiento estándar, manuales de la mejor práctica... Los sistemas de información desempeñan un papel central para facilitar esta difusión sobre intranets de la compañía o, entre organizaciones, vía internet. Ambas propuestas son válidas, pero deben combinarse de manera correcta. Existen importantes ventajas en la utilización de ambos enfoques. Sin duda, las ventajas de uno pueden ayudar a superar las desventajas del otro, y viceversa. ¿Cuál será la combinación «justa»? Dependerá de varios factores: la tecnología que utiliza o pueda utilizar la empresa, las condiciones de mercado a las que se enfrenta, la «intensidad del conocimiento» de sus estrategias y operaciones, las actitudes de los profesionales que aportan el conocimiento clave, los recursos disponibles en la empresa para invertir en el desarrollo de infraestructuras y procesos de gestión de conocimiento, etc. No obstante, a continuación nos atrevemos a sugerir algunas guías básicas. Si la empresa no ha puesto en marcha ningún enfoque sistemático de gestión del conocimiento debería, en la mayoría de los casos, empezar por una aproximación tácita, porque dichas prácticas son relativamente baratas, rápidas de implementar y menos arriesgadas desde el punto de vista organizacional. Si esta vía tiene éxito creará las condiciones para implantar después una gestión del conocimiento explícito.

A largo plazo, las empresas capaces de implementar la gestión del conocimiento explícito no sólo serán más eficientes a la hora de poner en valor sus conocimientos, sino que también serán mejores organizaciones de aprendizaje.

Los autores japoneses Nonaka y Takeuchi[63], ya comentados en el capítulo anterior, han estudiado profundamente los

63 Los siguientes párrafos están basados íntegramente en Nonaka y Takeuchi (1995).

procesos de conversión de conocimiento, es decir, la interacción entre conocimiento tácito y explícito. Consideran que existen cuatro formas de conversión del conocimiento: socialización, exteriorización, combinación e interiorización.

La socialización consiste en compartir experiencias. Un individuo puede adquirir conocimiento tácito directamente de otro sin usar el lenguaje. Los aprendices trabajan con sus maestros y aprenden un oficio a través de la observación, la imitación y la práctica, no mediante el lenguaje. En el ambiente de los negocios ocurre de la misma forma porque la clave para obtener conocimiento tácito es la experiencia. La exteriorización es un proceso a través del cual se enuncia el conocimiento tácito en forma de conceptos explícitos. Esta conversión se logra a través de metáforas, analogías, conceptos, hipótesis o modelos. Por ejemplo, cuando tenemos alguna imagen o experiencia gravada en nuestra memoria y la compartimos con los demás a través de su escritura en un papel. En la combinación los individuos intercambian conocimiento explícito a través de documentos, juntas, conversaciones telefónicas o redes. La interiorización es la conversión de conocimiento explícito en tácito, está relacionada con el «aprender haciendo». Para conseguir esta conversión, el conocimiento se verbaliza y diagrama en documentos, manuales o historias orales. La documentación ayuda a los individuos a interiorizar lo que otros han experimentado. Por ejemplo, General Electric documenta todas las quejas y preguntas de los clientes en su base de datos para que pueda ser utilizada por los miembros del equipo de desarrollo de producto. Así reexperimentan las vivencias de los operadores de teléfono y logran crear un nuevo producto que reúna todos los requisitos demandados.

Nonaka y Takeuchi también desarrollan las cuatro condiciones que hacen posible la creación del conocimiento: intención organizacional, autonomía, fluctuación o caos creativo y la redundancia.

La intención organizacional consiste en hacer que todos los miembros de la empresa compartan el mismo objetivo. La autonomía es imprescindible, las empresas deben fomentar que todos los miembros de una organización actúen tan independientemente como las circunstancias lo permitan. Al dejar que actúen de esta forma, la compañía puede incrementar las posibilidades de encontrar oportunidades inesperadas. La espiral de conocimiento se fomenta gracias a la fluctuación (ruptura de rutinas) o el caos creativo. Las fluctuaciones, originadas por cambios en las necesidades de mercado o por un incremento significativo de los competidores, provocan que la empresa se enfrente a una crisis. Sus miembros se enfrentarán a ella para intentar resolverla de la mejor manera posible, así surge nuevo conocimiento. Las empresas japonesas introducen intencionadamente fluctuaciones dentro de la organización porque saben que las épocas de crisis pueden generar mayores ideas e innovaciones. La redundancia es la sobreposición intencional de la información, se comparte un concepto con otros individuos que quizá no lo necesiten de manera inmediata. La redundancia de información permite que los profesionales transgredan mutuamente sus límites funcionales y que se den consejos o nueva información a partir de perspectivas diferentes. Esta condición se consigue, sobre todo, a través de una rotación estratégica del personal, especialmente entre áreas muy distintas en cuanto a función o tecnología, permitiendo que los miembros de la organización entiendan su negocio desde múltiples puntos de vista.

Según estos autores, el modelo de administración que mejor funciona para promover la creación de conocimiento en las empresas es el modelo «centro-arriba-abajo» (los modelos occidentales son de «arriba-abajo» y de «abajo-arriba»). El modelo que proponen ubica al ejecutivo de nivel medio en el centro de la administración de conocimiento. Éstos, líderes de un equipo o de una fuerza estratégica, crean el conocimiento a través de un proceso de conversión en espiral que incluye tanto a los altos directivos como a los empleados. Los altos ejecutivos generan una visión o sueño que los de nivel medio han de transmitir a los empleados a través de conceptos concretos (transforman conocimiento tácito en explícito). También han de transmitir el conocimiento explícito de los empleados, relacionado con su proximidad a los clientes y proveedores, a los altos directivos de forma ordenada y coherente.

El modelo occidental de «arriba-abajo» es el jerárquico clásico con forma piramidal. Solamente los altos directivos tienen la capacidad de crear conocimiento, se transmite hacia abajo. Es adecuado para tratar con conocimiento explícito pero ignora la creación del tácito. En cambio, en el modelo «abajo-arriba» el conocimiento es creado por los empleados. Operan de forma independiente y separada y prefieren trabajar aisladamente. El conocimiento lo crean algunos individuos, no el grupo de profesionales que interactúan en la organización. Las empresas como 3M que utilizan este modelo fomentan la iniciativa y la mínima interferencia de los altos directivos. Es un modelo apto para tratar el conocimiento tácito, pero su énfasis en la autonomía hace difícil compartirlo y distribuirlo en el interior de la compañía.

La creación de conocimiento no sólo involucra al proceso de administración, también afecta a la estructura organizacional. Durante la mayor parte del siglo XX, ésta ha oscilado entre dos tipos básicos: la burocracia y la fuerza estratégica.

La estructura burocrática es en extremo formal. Está especializada, centralizada y es dependiente de la estandarización de los procesos de trabajo que permiten la coordinación organizacional. Es adecuada para llevar a cabo trabajos rutinarios a gran escala. Es común en las industrias estables y maduras que realizan, sobre todo, tareas racionalizadas y repetitivas. Sin embargo, el control burocrático puede mermar la iniciativa individual y ser disfuncional durante periodos de incertidumbre y de rápidos cambios. La fuerza estratégica es flexible, adaptable, dinámica y participativa. Requiere un tipo institucionalizado de equipo que reúne a representantes de varias unidades para tratar un tema temporal. Tiene éxito si el objetivo es lograr avances considerables, por ejemplo, en el desarrollo de nuevos productos. Debido a su naturaleza temporal, el nuevo conocimiento o *know-how* creado en los equipos de fuerzas estratégicas no es fácil de transferir a otros miembros de la organización una vez que el proyecto se termina. Cuando la firma está compuesta por muchas fuerzas estratégicas de pequeña escala, resulta imposible establecer las metas y la visión en el nivel corporativo.

En resumen, mientras que la estructura burocrática implanta, explota y acumula nuevo conocimiento eficazmente a través de la interiorización y la combinación, la fuerza estratégica es indispensable para generar nuevo conocimiento por medio de la socialización y la exteriorización. Nonaka propone la adopción de una estructura organizacional que combine tanto burocracia como fuerza estratégica y la denomina «hipertexto». La organización de tipo hipertexto está formada por capas interconectadas: sistema de negocios, equipo de proyecto y base de conocimiento. En el sistema de negocios se llevan a cabo las operaciones normales y rutinarias. La estructura burocrática es adecuada para realizar con eficiencia el trabajo rutinario, esta capa sigue la figura de una pirámide jerárquica. Múltiples equipos de proyecto llevan a cabo actividades de creación de conocimiento, como el desarrollo de nuevos productos. Los miembros de los equipos se traen de diversas unidades del sistema de negocios y son asignados exclusivamente a un equipo de proyecto hasta que éste se haya finalizado. Respecto a la base de conocimiento, el conocimiento organizacional generado por las otras dos capas es recategorizado y recontextualizado. Esta capa no es una entidad organizacional real pero se basa en la visión corporativa, la cultura organizacional o la tecnología. La visión corporativa proporciona la dirección en la que deben avanzar los productos de la compañía y el campo en el que quiere actuar. La cultura organizacional sirve para orientar la mentalidad y las actividades de cada empleado. La tecnología clasifica el conocimiento tácito generado en los otros dos estratos.

El proceso de creación de conocimiento organizacional es concebido como un ciclo dinámico de conocimiento que viaja entre las tres capas. Los miembros de un equipo de proyecto que se encuentran en la capa superior cumplen diversas funciones en varios departamentos del sistema de negocios y se centran en actividades de creación de conocimiento. Su esfuerzo se guía por la visión corporativa diseñada por los altos directivos. Una vez que el equipo termina su tarea, los miembros bajan a la capa de la base de conocimiento y hacen un inventario del conocimiento creado o adquirido durante su estancia en el equipo de proyecto. A continuación, los miembros del equipo regresan a su capa del sistema de negocios para dedicarse a operaciones de rutina hasta que se les llame para participar en otro proyecto. La habilidad para moverse entre los contextos de conocimiento de manera flexible y rápida para formar un ciclo dinámico de conocimiento determina en última instancia la capacidad de la organización para crear conocimiento.

¿Cuándo dejará de ser cliente el que hoy lo es?

El cliente a quien hoy podemos vender, mañana no nos querrá comprar porque prefiere negociar con otro. Todo cambia, es una acción natural. Incluso «la atmósfera y la superficie del planeta Tierra se comportan como un todo coherente donde la vida, su componente característico, se encarga de autorregular sus condiciones esenciales»[64]. ¿Qué sucede en las empresas? ¿Se autorregulan? ¿Se adaptan al mercado o es el mercado el que las mueve a ellas? Los pilotos del margen entendemos que el mercado fuerza el cambio de las empresas y nos flexibilizamos. Las fuerzas externas, tanto tecnológicas como económicas, y, por supuesto, las necesidades de crecimiento de los países emergentes, hacen que el mercado se comporte con una inercia imparable a causa de las normas establecidas por la globalización. Es la lucha entre inteligencias, unas desean progresar y ganar terreno, otras deben apalancarse con fortaleza para no cederlo. En nuestra objetividad por llegar al origen de los problemas, concretamente al de ¿cómo perdemos un cliente?, hemos comparado la autorregulación del planeta Tierra con la adaptación de las empresas al mercado, aprendiendo a eliminar lo no útil. Para Honrad Z. Lorenz [65] el aprendizaje produce conductas de adaptación y descansa exclusivamente en la escuela innata. Por ello, la naturaleza dota a los seres de la capacidad de aprender y de poder transmitir lo aprendido para la supervivencia.

Los clientes son la razón de existir de la empresa, por ello, los pilotos del margen encapsulamos sus datos: comportamiento, afinidades con la empresa y los profesionales… El objetivo es obtener un perfil durante toda la trayectoria de ventas. Cuando hay indicios de una posible disociación, se actúa en base al aprendizaje adquirido a partir de situaciones anteriores con otros clientes. Se establecen comparacio-

64 James Lovelock, científico independiente, meteorólogo famoso por la hipótesis Gaia.

65 *http://es.wikipedia.org/wiki/Konrad_Lorenz*

nes de forma sistemática con otras disyuntivas o desavenencias comerciales resueltas. Gracias a este trabajo, la natural rotación de profesionales y clientes no implica que el acoplamiento a ellos sea único o experimental, todo lo contrario, se responde con el conocimiento acumulado en el *Visual Intelligent BackOffice.* Una clara muestra de talento es aprender de los errores. Nuestro objetivo es crear un activo con «lo malo y lo bueno» para aplicar las soluciones acertadas y no equivocarnos por segunda vez. Es importante saber lo que no funciona.

En conclusión, cada día es preciso hacerse las preguntas: ¿Qué debe ocurrir para que pierda clientes? ¿Puedo anticiparme y evitarlo? Tenemos que reflexionar sobre este tema a través del círculo virtuoso del nudo.

Círculo virtuoso del nudo

El futuro está en quien no te compra: la ventana de Johari como práctica en marketing relacional

Joseph Luft y Harry Ingham, dos psicólogos norteamericanos, desarrollaron en los años cincuenta del siglo pasado el modelo de la ventana de Johari (el nombre procede de las primeras sílabas de sus nombres)[66]. La ventana de Johari es un modelo muy útil para analizar la dinámica de las relaciones interpersonales ya que constantemente estamos dando y recibiendo información a través del proceso de *feedback*. En nuestros días, este modelo cobra una especial relevancia en el mundo de la empresa actual debido al énfasis de valores como la empatía, la cooperación, la inteligencia emocional y social o las *soft skills* («habilidades suaves»). Johari se utiliza sobre todo en psicología para enseñar cómo los individuos se comunican consigo mismos y con los otros, cómo se presentan a sí mismos y a los otros o cómo perciben su lugar en el mundo. Pero también ha extendido su influencia en múltiples usos: *coaching*, desarrollo organizacional, dinámica de equipos de trabajo. En definitiva, la ventana de Johari es una herramienta que nos ayudará a gestionar la incertidumbre, a adquirir conocimiento y a evitar sorpresas. Es muy útil en el marketing relacional y en el desarrollo de las estrategias de compra. A continuación, resumimos de forma breve el modelo de Johari.

4 áreas, 4 oportunidades para ayudarnos en nuestra empresa

Si bien el ser humano es un todo y funciona siempre como una unidad, para facilitar el análisis de la comunicación puede dividirse en cuatro partes denominadas ventanas.

66 El trabajo original apareció en Luft, J. e Ingham, H: «*The Johari window, a graphic model of interpersonal awareness*», *Proceedings of the western training laboratory in group development*. Los Angeles UCLA, 1995.

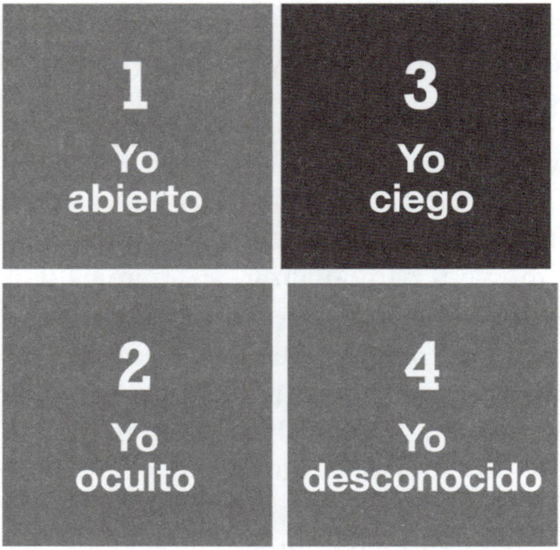

Yo abierto

Información de fácil acceso para los demás que ayuda a obtener más datos sobre nosotros que los objetivos: peso, estatura, raza o sexo. Se transmite a través de las conversaciones al expresar opiniones, ideas, deseos y anhelos.

Yo oculto

Comprende lo relacionado con sentimientos, vivencias, opiniones y motivaciones que sólo el sujeto conoce y que cuesta comunicar a los demás. A mayor grado de confianza el freno es menor. Es lo que yo sé que tú no sabes de mí.

Yo ciego

Alberga lo que los demás ven en la persona pero ella no: impresiones, reacciones, emociones transmitidas, el efecto en el otro, sentimientos fijados en ocasiones anteriores... Suelen transmitirse mediante el lenguaje no verbal ya que se descodifica mejor por los demás que por uno mismo.

También se conoce como **yo desconcertante** porque cuando nos devuelven el mensaje nos desconcierta y recurrimos a mecanismos de defensa para protegernos: «yo no soy como insinúas», «no soy cobarde sino prudente»... Es una reacción que, la mayoría de las veces, delata nuestras inseguridades.

Yo desconocido

Se incluye dentro de lo que la teoría psicoanalítica denomina inconsciente. Comprende los impulsos profundos, las motivaciones ocultas, los elementos y experiencias desterrados de la consciencia. Todavía se desconoce el contenido de esta área, y sólo especialistas en la mente humana pueden ayudar a analizarlo tras pasarlo a la zona consciente.

Las personas son un todo de diferentes partes

Según el modelo de Johari y su división en cuatro ventanas o áreas de la mente, cualquier cambio en ellas afectará a todas las demás porque interaccionan entre sí. Un aumento del yo abierto disminuirá el yo oculto y puede crear un clima que ayude al sujeto a conocer algo más de su yo ciego. Cuanto mayor sea el yo abierto, mejor se conocerá a la persona porque al disminuir las barreras aumenta el contacto con los demás y la comunicación es más madura. Cognitivamente hablando, el fruto del proceso es la maduración del ser humano. Por ello, podemos hablar del valor terapéutico de la comunicación interpersonal si está estructurada y sectorizada para el fin deseado.

De Johari a las expresiones faciales

Paul Ekman ha dedicado gran parte de su carrera a estudiar las expresiones faciales[67]. Ha enseñado a desarrollar

67 Paul Ekman: *Emotions Revelead: Recognizing Faces and Feelings to Improve Communication and Emotional Life,* Times Book, 2003. Ekman tiene

habilidades de lectura de expresiones a agentes del FBI y de la CIA, a oficiales de policía, a jueces, a abogados e incluso a ilustradores y animadores[68]. Según Ekman, una sonrisa verdadera implica dos músculos faciales: el músculo zigomático mayor y la parte exterior del músculo *obicularis oculi.* Se alzan las comisuras de la boca y se mueven hacia abajo las cejas para estirar hacia arriba la piel que hay bajo el ojo y alzar las mejillas[69]. En cambio, en las sonrisas artificiales sólo actúa el músculo zigomático ya que no podemos controlar la parte relevante del músculo *obicularis oculi.* En definitiva, para detectar una falsa sonrisa hay que mirar a los ojos. Si el músculo externo del *obicularis* no se contrae, la persona que tienes delante no es de fiar.

Goleman sugiere que la gente normalmente transmite las emociones de forma no verbal[70] y la cara muestra emociones mediante cuarenta y tres músculos minúsculos que estiran y alzan nuestra boca, ojos, mejillas, cejas y frente. Nuestra mirada puede transmitir la gama completa de sentimientos humanos. Como nos recuerda Pink, la lectura de las expresiones faciales es una cualidad de nuestro hemisferio derecho del cerebro[71]. La gente que ha sufrido algún daño en esta

---

varios libros traducidos al español, véase por ejemplo: *Cómo detectar mentiras: guía práctica para utilizar en el trabajo, la política y la pareja* (Barcelona, Paidós, 2005); *¿Qué dice ese gesto? Descubra las emociones ocultas tras las expresiones faciales* (Barcelona, RBA, 2004); *Por qué mienten los niños: cómo los padres pueden fomentar la sinceridad* (Barcelona, Paidós, 1999). En el *blog* de Eduard Punset hay una interesante charla con Ekman, véase *http://www.eduardpunset.es/charlascon_detalle.php?id=12.*

68 Véase Pink (2005:166).

69 Ekman (2003: 205-206) citado en Pink (2005:166).

70 Daniel Goleman (1997): *Inteligencia emocional.*

71 Daniel Pink (2005): *A Whole new mind*, Nueva York.

zona tiene muchas dificultades para reconocer las emociones a través del rostro de otros. En cambio, las personas con daños en el hemisferio izquierdo son más hábiles leyendo las expresiones de la cara que el resto de nosotros. Pink y Ekman han mostrado que la mayoría somos sorprendentemente malos para detectar cuando alguien está mintiendo. Por el contrario, los afásicos, es decir, la gente con daños en el hemisferio izquierdo, son buenos detectores de mentiras.

Expresiones faciales[72]

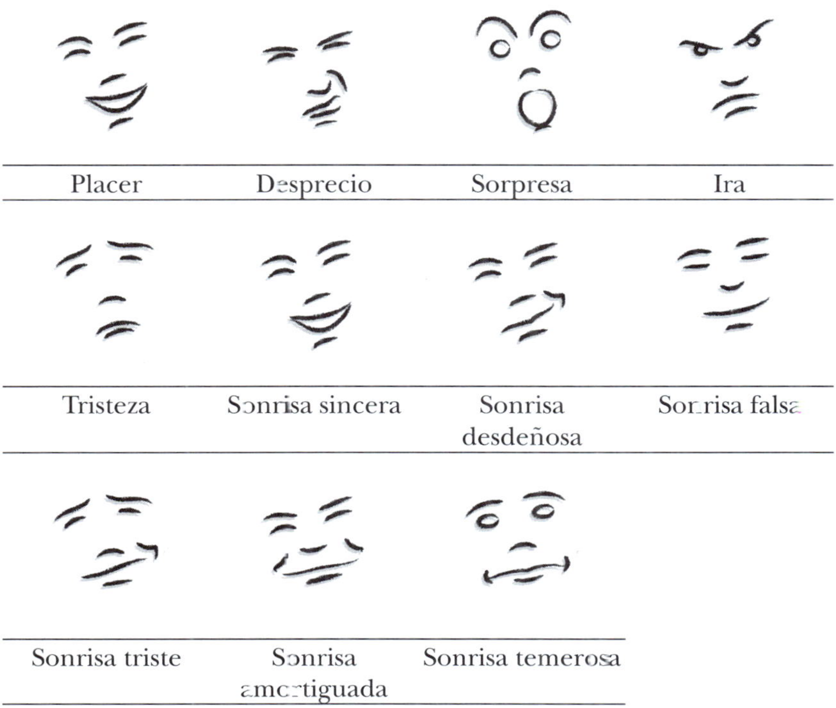

72 Basado en Ekman: *¿Qué dice ese gesto?*, Barcelona, RBA, 2004. También es interesante el reportaje que aparece en *www.elmundo.es/magazine/2004/264/1097864642.html*

II. Las fisuras del margen: nudos, no problemas

Recientemente, dos publicaciones de prestigio dedicaron reportajes especiales a la gestión eficiente del talento[73]. En *Harvard Business Review* se incluían dos trabajos sobre este tema. El primero, *«Leading Clever People»*, hablaba de cómo atraer y retener a la gente más lista y creativa a nuestras compañías; teniendo en cuenta que a este tipo de personas no les gusta que se les dirija. Se proponía que enfocásemos este asunto como guardianes benevolentes y no como líderes tradicionales, así afrontaríamos este nuevo reto de la gestión del talento. El otro trabajo, *«Crisis at the Summit»*, explicaba cómo algunos ejecutivos «superestrella», al afrontar determinados desafíos, descargan toda su adrenalina. Sin embargo, una vez alcanzada la cumbre del éxito, generalmente desaparecía su ímpetu inicial y se afligían. Si no somos capaces de reconocer a tiempo las señales de alarma, puede que se eche a perder la brillante carrera de un gran talento. Por su

73 «*The battle for brainpower*» (*The Economist*, 7 de octubre de 2006) y «*How to manage the most talented*» (*Harvard Business Review*, marzo de 2007).

parte, *The Economist,* bajo el título «*The battle for brainpower*», le dedica al tema un número especial con varios artículos. Éstos analizan desde empresas de muy diversos sectores que han tomado conciencia de la necesidad de reunir el mayor talento posible, hasta las voces descontentas con los sistemas meritocráticos. La batalla por el talento está cambiando el equilibrio de fuerzas entre compañías y empleados en favor de los profesionales.

La preocupación por el talento en las empresas no es nada nuevo, podría datarse en la época en que aparecieron las compañías modernas. En la actualidad, la gestión del talento se ha convertido en un asunto cada vez más importante para muchas organizaciones. Este hecho ha supuesto que las áreas dedicadas a los recursos humanos hayan visto aumentar su importancia. Muchos de sus responsables han puesto en marcha iniciativas concretas de gestión del talento o han adoptado algún tipo de tecnología para gestionarlo[74].

En los dos capítulos siguientes retomamos a nuestros protagonistas. En ambos se buscan soluciones para recuperar a aquellas personas cuyas actitudes perjudican al equipo. El objetivo de los instructores es detectar las fisuras o patologías y corregirlas para aprovechar el talento que tenemos en nuestra organización.

---

74 Como dato de la relevancia de este asunto, *The Economist* comenta que, según un estudio elaborado por la consultora Aon, se han identificado 172 ejecutivos de recursos humanos entre los directivos mejor pagados de sus respectivas compañías, entre las que destacan empresas como Black & Decker o Timberland. Algo impensable hace tan solo unos años.

4. *Happy losers*: ¿quiénes son?

Recuperar a los *happy losers*

En el mundo empresarial actual es inimaginable que, de un plumazo, se pueda cambiar la estructura humana de una organización, ni con la voluntad de hacerlo ni con los medios materiales necesarios. Aunque en los niveles altos de dirección la rotación se da con frecuencia, con instrucciones, formación y reinvención de la esencia corporativa los mandos se reciclan y adecuan a las nuevas necesidades funcionales de la empresa. En el resto de niveles es mucho más difícil adoptar medidas extremas que alteren el orden establecido. Por ello, a través de la formación, hay que sacar lo mejor de cada profesional.

Si existen *happy losers*, trabajadores que asumen sus ventas abortadas como un puro accidente que tiene que ocurrir, se requiere la aplicación de una terapia individualizada que erradique el hábito de engañarse a uno mismo. Probablemente, el «perdedor feliz» no adopte tan sólo esta actitud en el desempeño de su trabajo, sino que también lo hará en otros aspectos de la vida. Cuando un *happy loser* tiene su área de actuación en la cocina de la empresa, ya sea producción, administración, marketing, etc., debemos aplicar los criterios formativos de la investigación apreciativa *(Appreciative Inquiry)*[75]. En dicha investigación se busca aquello que da vida a los sistemas humanos cuando funcionan de manera óptima. Este acercamiento al cambio organizativo está basado en el supuesto de que las preguntas producen por sí solas una transformación. Es necesario dialogar sobre las fortalezas, los éxitos, el respeto, la responsabilidad, la cultura, los valores, las esperanzas y los sueños. La idea básica es construir organizaciones en torno a la actividad que ya realizan. Es una práctica implantación efectiva de tácticas en las empresas. La investigación apreciativa se aplica como un proceso circular en el que se distinguen cuatro fases:

1. Descubrir

Buscar, describir y explicar los rasgos positivos de las personas que componen la compañía.

2. Imaginar

Idear un futuro mejor basado en los aciertos. Se favorece un diálogo sobre lo que podría ser a partir de las historias que se comparten. El énfasis en las historias como desencadenadoras del cambio es una constante en investigación apreciativa.

3. Diseñar

Darle forma al sueño. Es necesaria una infraestructura que soporte esta visión que se plasmará en las estrategias, procesos, decisiones, colaboraciones, políticas y procedimientos. Este proceso va desarrollándose en la red de comunicación

75 Véase David L. Cooperrider y Diana Whitney: *A positive Revolution in Change: Appreciative Inquiry*, http://appreciativeinquiry.case.edu

horizontal a través de las conversaciones entre todos sus miembros.

4. Crear

Plan «valorativo» que destaca lo que está funcionando en el nuevo diseño para sostener, mantener, mejorar o ajustar lo que ha sido imaginado. Pero lo más importante es que, a estas alturas, el cambio ya está en marcha: empezó con la primera pregunta.

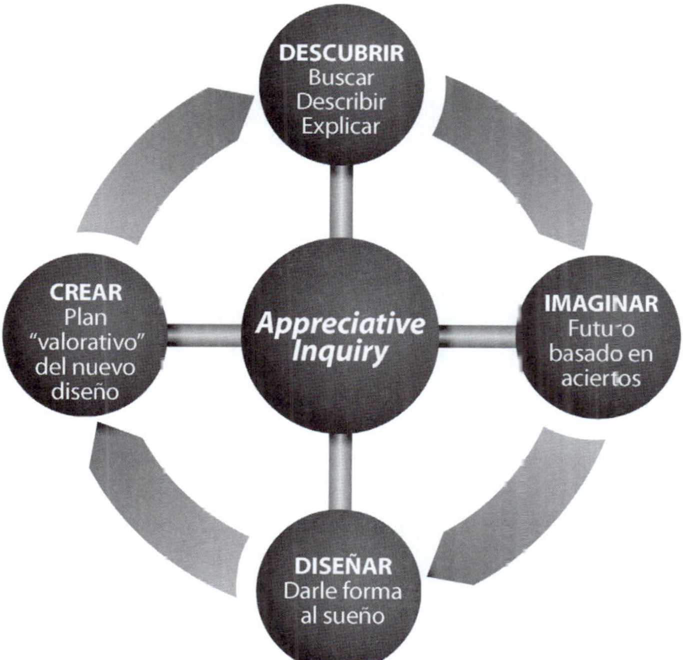

En definitiva, la investigación apreciativa es una estrategia que inspira a las personas y que aumenta el nivel de rendimiento en cualquier organización. Esta técnica demuestra cómo las compañías pueden lograr un cambio positivo sostenido estudiando sus propias fortalezas.

Retomamos la narración. Después de la reunión de presentación, nuestros protagonistas se congregan por segunda vez. La situación descrita y el diálogo de los personajes sirven para comprender el mundo de los *happy losers.*

Lunes. Sala de reuniones, en la puerta: «Reservada de 8 a 14 h por los pilotos del margen»; en la mesa, nueve dossieres con el título: «¿Conoces a un *happy loser*?».

Son las 7:50 h.

– ¡Buenos días, Mikaela! —exclama Jaume acomodado en su silla de la sala.

– ¡*Godmorgon*! —contesta la joven finlandesa.

A continuación, un largo silencio. Ambos revisan sus notas para la reunión.

Son las 8 en punto.

Entra Mireia y se queda aterrada, su rostro muestra una expresión de sorpresa. Eleva los párpados superiores pero sin tensar los inferiores cuando ve que ya ha llegado Mikaela. Mireia piensa: ¿cómo es posible? Se ha levantado a las 5.30 de la mañana para cruzar la ciudad, ha tardado más de una hora y, después del madrugón, si se descuida por poco llega tarde. Mikaela la observa y leyéndole el pensamiento dice:

– Me he levantado bastante tarde —comenta con una expresión de placer de fresca mañana, provocando la aparición de unas «patitas de gallo» en los extremos de los ojos que le dan un atractivo muy simpático—. ¿Sabes cómo, Mireia? No hay ningún milagro, simplemente he venido en transporte público.

– ¡Ostras! —le replica la investigadora—. Los nórdicos siempre habitáis en el mundo de la eficiencia.

– ¡No te equivoques! —responde Mikaela—. El tema de hoy son los *happy losers* y, a mi entender, lo empezamos mal si no cumplimos el horario, llegando tarde presuponemos que no pasa nada. ¡De entrada es ponerse la etiqueta de «perdedores felices»! Esta etiqueta en mi cultura es inconcebible. A nosotros, a los de nuestra generación, nos han formado para ser responsables y ambiciosos. Nuestro objetivo es tener lo que deseamos, nos preguntamos ¿qué puede hacer mi empresa por mí? Ante todo, lo importante es poder hacer lo que más nos guste, así nos han educado nuestros padres. Sabes Mireia, nada es casual, todo tiene un origen. Esta energía que hoy irradiamos ha germinado gracias a haber superado la gran crisis de la década de 1990. En esa época se reinventó nuestra cultura industrial y comercial, fue el momento en que se planteó: ¿qué puedo hacer yo por mi empresa?

Jaume, que estaba trabajando en su portátil, deja de mirar la pantalla.

– ¡Asombroso! —exclama—. ¡Esto me gusta! Conocer casos de empresarios de otros países y culturas puede ayudar a nuestra empresa. Sigue, sigue Mikaela. Ay, si mi gente se preguntase «¿qué puedo hacer yo por mi empresa?»... Si tienes una fórmula que funcione para que se hagan esta pregunta, te prometo que me voy a Finlandia a hacer sauna y a bañarme en agua helada una semana entera.

– ¡Cuidado, cuidado, Jaume! Que si empezáis a pilotar el margen tendrás que ir pensando en reservar en el *LumiLinna SnowCastle* de Kemi. Ahora en serio, si tanto te interesan las tendencias actuales, te recomiendo que consultes el *Kairos Institute*[76] y prestes atención a las reflexiones sobre cómo han alcanzado el éxito las empresas escandinavas. Y, ya sabes, imitar al triunfador es ir en la dirección del éxito. ¡El atajo para ahorrar tiempo! Mira —prosigue Mikaela—, la globalización y la deslocalización industrial están provocando en las organizaciones la necesidad de reinventarse para adecuarse al mercado. Habrá algunas que lo consigan y otras que no lo logren, de estas últimas se dejará de hablar y, en poco tiempo, serán simplemente un caso de estudio para los economistas. Es evidente que hay que cambiar, es preciso reinventarse. Nosotros ya lo tuvimos que hacer en Finlandia, mejor dicho, en los países nórdicos, para superar la tremenda crisis de la década de 1990. En aquellos días, Dinamarca se hundía en el desempleo, Suecia era sacudida por una descomunal crisis bancaria y Finlandia asistía a la desintegración de la URSS, su principal mercado. A pesar de que Finlandia fue espoleada por la crisis y el cambio de escenario global supo reinventarse

76 Kairos Future es una empresa internacional que investiga el entorno y el conocimiento para actuar como consultoría de tendencias y ayudar a otras compañías e instituciones a entender y crear su futuro. Es una organización puntera en Europa en su ámbito por su análisis de la actualidad y del futuro. Formulan estrategias coherentes y potencian decisiones con análisis robustos. La sede central se encuentra en Estocolmo y tienen oficinas locales y acuerdos de colaboración con socios en 15 mercados. *www.kairosfuture.com*

con éxito. Por ejemplo, en sus orígenes Nokia era una industria papelera. En la actualidad, Finlandia es uno de los países más desarrollados del mundo, con una de las economías más competitivas, un elevado ingreso per cápita y un alto índice de calidad de vida y de distribución de la riqueza. Detrás de estos indicadores está un modelo económico basado en la generación de conocimiento, en el procesamiento de la información, en la organización reticular de los actores económicos y en la innovación continua como medio para alcanzar altos índices de competitividad. Hoy nos sentimos muy seguros y buscamos el éxito personal. Somos ambiciosos y creemos que podemos llegar a donde nos lo propongamos. Hoy me siento capaz de llegar a ser directora general de una gran empresa pero no a cambio de no disponer de tiempo para poder estar con mis amigos; es la diferencia entre mi generación y la de mis padres. Un sí pero con un no. Trabajar, vivir la profesión, los amigos y la libertad. Dicen que estamos evolucionando hacia una sociedad de hedonistas con pocas ganas de sacrificarse. No estoy de acuerdo con esta versión extrema, sólo deseamos dedicar el tiempo que requiere cada cosa. Realizarlo todo en su justa medida es jugar con la posibilidad de ganar.

Son las 8.12 h.

Jaume se acomoda aún más en su sillón y cierra la pantalla de su ordenador. Ha decidido pasar a ser discente y atender la conversación entre las dos instructoras del margen. Como experto observador, tiene curiosidad por aprender tanto de la mentalidad escandinava como de la mediterránea.

Debido a los contenidos del discurso de Mikaela, Mireia opta por una actitud de no quejarse, pone un rostro asimétrico en todos sus rasgos y acepta los mensajes sin discutirlos.

– Nos preparamos —continúa la joven finlandesa— para crear y dirigir empresas muy creativas, capaces de enfocar el negocio desde ángulos diferentes. Para lograrlo, actualmente son interesantes las obras *La estrategia del océano azul* [77] y *Marketing lateral* [78] porque proponen nuevas perspectivas.

Se abre la puerta, aparece una taza de café y detrás, cogido a ella, Iñaki:

– ¡Hola!… Por cierto… ¡Poca gente! Pensaba que sería el último en llegar y aún tendré un premio a la puntualidad.

Son las 8.25 h.

– No sé si ir a dar unas instrucciones y volver —comenta Iñaki.

– ¡Mejor no! —reacciona Mireia de forma impulsiva—. ¡Ayúdame a defenderme! Mikaela me está dando una formación acelerada sobre la cultura nórdica y el éxito de sus empresas.

– ¡Qué bien! —exclama Iñaki—. No nos vendría mal empezar a aplicar sus criterios. Empresas como Nokia e Ikea

77 Chan Kim, W. y Mauborgne, Renée: *La estrategia del océano azul*, Barcelona, Granica, 2005.

78 Kotler, Philip y Trias de Bes, Fernando: *Marketing lateral*, Madrid, Pearson Prentice Hall, 2004.

son punteras por la innovación de su producto, modelo de negocio y proceso. Por eso es tan difícil superarlas, destacan en los tres vértices de la innovación.

Evidentemente Iñaki está simplificando, en realidad podemos definir hasta seis tipos de innovación:

Tipos de innovación

Tipos de innovación	**Ejemplo**
Innovación de producto	Producto nuevo o mejorado
Innovación de proceso	Proceso nuevo o mejorado
Innovación organizativa	Nueva adaptación organizativa: nuevo sistema de comunicación interna o nuevo diseño organizativo
Innovación de gestión	Nuevas prácticas de gestión: TQO, reingeniería de procesos…
Innovación de marketing	Nuevas prácticas de marketing nuevas adaptaciones financieras, nuevo enfoque de ventas
Innovación de servicio	Nuevos conceptos de servicio: servicios financieros *on line*

Otra manera de verlo es a través de las 4Ps de la innovación:

- Innovación de producto. Cambios en los productos o servicios que ofrece una empresa.
- Innovación de proceso. Cambios en las formas en que se crean y son suministrados los productos y servicios.
- Innovación de posición. Cambios en el contexto en el que se introducen los productos y servicios.
- Innovación de paradigma. Cambios en los modelos mentales subyacentes que enmarcan aquello que hace una empresa.

– ¿Tres vértices de la innovación? —interrumpe Mireia.

– En efecto —contesta Iñaki—, las empresas nórdicas son innovadoras en los tres pilares. Por ejemplo: 3M, Honda y Sony son innovadoras sólo en producto; Virgin lo es en modelo de negocio; Microsoft, Intel, Apple y Google innovan tanto en producto como en modelo de negocio, y Southwest Airlines lo hace en el proceso y en modelo de negocio. Al innovar en los tres vértices las compañías nórdicas se distancian aún más de su posible competencia.

– Estás muy bien informado —observa Mikaela.

– ¡Qué remedio! Mi equipo creativo ha de lograr que se venda más, o mejor dicho, que se obtenga una porción del margen. ¿Os ha gustado esta expresión? —pregunta el responsable de marketing con una sonrisa burlona al estilo Charlot—. Mi trabajo es pilotar el margen diseñando productos que permitan a la empresa abrirse espacio en el mercado. Hemos de posicionarnos delante de la competencia. Debemos conocer las necesidades de los clientes para acertar con productos innovadores que no puedan evitar comprar, hoy en día no es nada fácil sorprender a los consumidores. Para ello, debemos utilizar la información, la sustanciosa información, disponible con la plataforma vibo. Como pauta normal de trabajo, todos los profesionales que están en la calle, es decir, los que están en contacto con los clientes, los que ven cómo trabaja la competencia, enviarán cápsulas de conocimiento. Las empresas innovadoras –prosigue Iñaki– disponen de una excelente red de interconexión de la información con «valor talento», el conocimiento fluye de forma horizontal sobre toda la organización. Así todos se impregnan de una información seleccionada, actividad fundamental para mejorar el funcionamiento de la empresa. Con los nuevos conocimientos podremos inventar, imaginar e ingeniar. Seguro que con vuestra aportación como pilotos del margen la dirección general decidirá reinventar nuestra compañía. La gestión del margen es una inversión a largo plazo, los resultados positivos son imparables. Si aplicamos el talento de todos en una misma dirección lograremos el éxito.

Casi son las 8.40 h.

– Además, el *controller* —continúa explicando Iñaki—... Por cierto, no entiendo como aún no están aquí Julio y Stefan. Bueno, como iba diciendo, el *controller* podrá medir el resultado de las acciones con el sistema de pilotar el margen porque tendrá radiografiadas todas las hojas de ruta de las acciones mediante la plataforma Vibo. La información se transmitirá a través de PDAs.

Mi departamento ha de controlar la repercusión de la venta, tanto lo que piensa el distribuidor como la opinión del cliente final, para que no afecte al margen. Como dice Ken Blanchard[79]: «Hoy en día, para ser competitivas, las empresas deben estar impulsadas por los clientes, ser eficientes con relación a los costes, ser rápidas, flexibles y mejorar continuamente. Esto propicia estructuras organizativas más eficientes y exigentes en las que los rangos de control se han ampliado considerablemente». Sólo delegando poder y abriendo una comunicación de todos con todos se puede obtener el objetivo margen. Es preciso que cada uno de los miembros

79 Blanchard, Ken, Susan Fowler y Lawrence Hawkins: *El autoliderazgo y el ejecutivo al minuto*, Barcelona, Granica, 2006.

que hace posible la actividad empresarial aporte ideas para la mejora del producto, del modelo de negocio o del proceso de producción y logística.

– Lo que estás comentando —interviene Mikaela— implica no pensar de forma convencional. Para lograrlo, nos hemos de plantear cada día al salir de la ducha: «Hoy debo atreverme a hacer lo que nunca he hecho» ¡Perded el miedo a las limitaciones! Poned el ingenio en marcha para ver cómo podríamos trabajar mejor.

– ¡Pues sí! —afirma Iñaki—. De eso se trata, de no dar nada por supuesto, de erradicar lo tradicional, lo impuesto por el mercado hasta ahora, y ponernos a inventar. Debemos hacer que trabaje el cerebro para atraer a los clientes, ingeniárnoslas para cambiar la forma de consumir. Sumergirnos en una aventura del conocimiento, abrir nuevas rutas y trazar nuevos mapas mentales con la información que podemos obtener si todos aportamos lo que sabemos —el director de marketing y comunicación realiza una pausa para que sus palabras calen en la mente de las dos instructoras.

Son las 8.45 h.

Las jóvenes, muy intrigadas, le escuchan con una actitud casi temerosa, con los labios en posición rectangular. No esperaban tanta energía a estas horas de la mañana.

– Muchas innovaciones pasan por las tres fases que Schopenhauer identificaba para «cada verdad» —prosigue Iñaki—. En la primera fase es ridiculizada, en la segunda violentamente rechazada y, finalmente, en la tercera es aceptada como una verdad evidente.

Son las 8.50 h.

– Parece que los demás se han olvidado de la reunión —comenta Mireia a Mikaela en voz baja—. No entiendo qué ha podido ocurrir para que todos se retrasen de esta manera.

– Pues, sí señoritas —Iñaki continúa con su discurso—, entender al cliente, meterse en su mente, conocerle y anticiparse a sus necesidades es el ABC del marketing de siempre. No ha cambiado el objetivo con el tiempo pero tenemos que variar el procedimiento, ¡innovar en el procedimiento! Necesitamos disponer de un sistema que sea capaz de soportar el mayor número posible de variables para poder procesarlas. A cambio, recibiremos la información más efectiva en cualquier lugar. ¡Vaya! Poner «piloto automático» al margen con el fin de que se autosolucione y autogestione, liberando así potencial mental para anticiparnos al futuro.

– ¡Trabajar mejor! —exclama Mikaela—. Trataremos este tema hoy, si los demás van llegando al *meeting*...

– De los problemas mal resueltos —interviene Mireia ignorando las últimas palabras de su compañera—, se derivan profesionales fracasados. No hacen las cosas mal por el placer de equivocarse, su formación es la culpable y, sobre todo, su entorno profesional. Todo empleado desea trabajar en una empresa que lo dignifique como persona, que le trate con respeto y afecto. Los trabajadores necesitan poder confiar en su jefe, el «factor camaradería» está presente en la cultura de los jóvenes profesionales. Además, el salario ha de estar en consonancia con la responsabilidad y la energía requeridas para adecuarse al puesto de trabajo. Hoy en día, el factor transporte, la ubicación de la vivienda y las responsabilidades familiares influyen a la hora de perdurar en una organización.

Jaume sigue en posición de observador como si estuviera entre bambalinas.

– La capacidad de anticiparse en el mercado —expone Iñaki— sólo es posible si todos ponen sus habilidades a disposición del resto como norma de obligado cumplimiento. Por ejemplo, el grupo Intercom[80] desde su misión corporativa especifica la singularidad de las 6Ts: talento, talante, tacto, tenacidad, tecnología y tiempo. Pretenden ser una compañía de referencia con personas capaces de liderar proyectos muy rentables. Según Antonio González, en una empresa moderna en primer lugar están los valores humanos y después los profesionales[81]. Enumeró las necesidades emocionales que requiere su personal: sentirse seguro, singular e importante, encontrar agradecimiento por el trabajo que se realiza, tener conexión con el resto de las personas de la empresa, poder crecer profesional y personalmente y considerarse útil e insustituible. Para ello potencia la eficiencia, la

80 *http://www.grupointercom.com/grupointercom/filosofia_valores.cfm?a1=1*

81 Antonio González es presidente y fundador del grupo Intercom, véase su intervención en un coloquio del *Cercle per al Coneixement. http://www.cperc.net/continguts/article.php?llengua=es&idvar=211*

creatividad y la imaginación. Su compañía se caracteriza por no tener horarios estrictos y por el teletrabajo.

Focalizar el crecimiento en los *happy losers*

Los perdedores felices son individuos que saben subsistir en ambientes contrarios a sus deseos. Se distinguen por ir contra corriente, no hacen lo normal sino lo inesperado, lo extraño para los demás. Si la primera vez se les permitió aceptar el fracaso como normal, se debe aclarar con ellos y con sus respectivos jefes la situación de forma directa. La solución implica desmontar su tramoya, quizás dándoles más responsabilidad dispongan de un poder que no les permita justificar su posición. Un *happy loser* recuperado es un ejemplo para todo su entorno.

Son las 8.55 h.

Iñaki provoca un cruce de miradas entre él y las dos investigadoras. Las cejas se juntan hacia abajo y los ojos expresan ferocidad, están apretando los dientes. Se respira una controlada ira, deciden investigar la tardanza. Iñaki abre la puerta y asoma la cabeza para ver el pasillo.

Oye risas que provienen de la escalera del fondo, la que comunica con el piso inferior. Detrás de las carcajadas aparecen Paula, Stefan y Julio. Por fin llega el esperado grupito.

– ¡Qué error! —dice Julio—. Nos hemos confundido de sala, estábamos en el piso de abajo. Como nos extrañaba vuestra tardanza nos hemos puesto a buscaros.

Hola, hola, hola… Todos se saludan. A continuación, se sitúan en la mesa, ven el *dossier* y fijan su mirada en el título: «¿Conoces a un *happy loser*?». Ponen cara de circunstancias ante el tema que toca tratar.

– Amigos —empieza Iñaki—, hemos estado comentando durante vuestro despiste con el horario…

– ¡No! —interrumpe Julio—. Nosotros hemos llegado a la hora, pero nos hemos equivocado de sala.

– De eso nada —responde Iñaki—. Si analizamos la cuestión pasando de un problema a un nudo resulta que:

NUDO. Habéis llegado tarde.
N-1. El origen está en vuestra falta de interés al no anotar en la agenda el lugar de la reunión.
N-2. Os habéis equivocado los tres.
N-3. No es la primera vez que le ocurre a alguno de vosotros.

N-4. Esto afecta al margen porque siete profesionales hemos perdido un tiempo valiosísimo. Imaginad lo que podemos hacer en nuestra área de trabajo en una hora. N-5. El responsable de solucionarlo es el DG. Le hemos creado una fisura en su valor *management*. Tiene en plantilla a unos directivos que no valoran el coste de tiempo de los demás y, por supuesto, es evidente que ni el de ellos mismos.

Por ello, cuando tengamos la plataforma Vibo este tipo de incidencias emitirán una cápsula *mayday*.

– ¡Caray como te pones! —interviene Stefan, el *controller* de la empresa ayuda a Julio como un ángel guardián—. He sido yo el que los ha despistado porque creía realmente que era en la sala de abajo.

– ¡Con energía entusiasta! —exclama Mikaela—. Precisamente de esto hemos estado hablando hasta ahora, de las diversas actitudes según las culturas y de los requisitos que exigen las empresas innovadoras para superar el mercado globalizado.

Son las 9.10 h.

¿Dónde está Juan Antonio? El responsable de logística debería ser un ejemplo de puntualidad. Paula piensa: «Vive lejos, en las afueras de la ciudad y hace un tremendo esfuerzo cada mañana para llegar lo antes posible. Pero lo compensa por la tarde no teniendo hora de salida, ¡pobre Juan Antonio!». Ambos han sintonizado en las pocas semanas que llevan trabajando en la implantación de pilotar el margen.

– Propongo empezar —señala Mireia—. Como ha sido interesante conocer las condiciones con las que trabajan en los países del norte de Europa podemos hacer un resumen de lo comentado.

– ¡Cuidado! —interrumpe Stefan—. Lo que interesa es lo que está aquí y ahora, nuestro caso, nuestra gente. Lamento haber provocado el retraso pero, superado el asunto, vamos a rentabilizar nuestra materia prima: el tiempo. Para pilotar el margen debemos contar con los recursos disponibles. Plantearse una formación implica un aprendizaje y sólo será posible con una buena predisposición por parte del personal. Cuando la competencia profesional es baja, el trabajador necesita un gran apoyo por parte de los jefes para que se plantee reciclarse. Esta es la realidad, los empleados han de estar muy seguros de que vale la pena formarse. Nuestra suerte —afirma Stefan— es que nuestro DG está convencido de que hay que intentarlo. Creo que debo ser el líder. Como responsable de crear el presupuesto de cada campaña tengo que dirigir la operación de reinventarse para pilotar el margen. Tenemos que pactar entre todos para reconstruirnos. La primera labor es dar poder a los empleados que lo requieran para que puedan tomar decisiones. Ser responsable es una actitud similar a la de ser feliz, no hay que esperar nada específico para ello sino simplemente serlo.

– ¡Alto! —interviene Mikaela—. Creo que vamos muy deprisa. Para pilotar el margen debemos pensar en la acción de gestionar el margen, evolucionando a una actitud pro margen todo nuestro alrededor se transformará en pro margen. Como dice Rubén Cedeño[82]: «Todo es mente y lo que

82 Véase, *http://www.metafisicasedecentral.com/LaVanguardia_RubenCedeno.pdf*

pensamos se manifiesta». Empezad a delegar, a destruir las «limitaciones supuestas»[83] que pesan sobre vuestro equipo. Dadles poder y seguridad para que puedan asumir sus responsabilidades.

Son las 9.25 h.

¡Tras! Alguien entra de un portazo. Aparece Juan Antonio. Se sienta en su sitio, coge el dossier y lee en voz alta: «¿Conoces a un *happy loser*?». Todo ha pasado rápido, muy rápido, en tan sólo cinco segundos. En la sala todos están atónitos y en silencio. Juan Antonio «se ha quedado» con el auditorio. Ha hecho su entrada triunfal como si fuera una estrella invitada a un *show* de primera audiencia: ¡Y aquí, con ustedes, el único, el inimitable... director de operaciones!

Sobresale un «¡Buenos días!» de entre las demás voces, es Jaume. El director comercial lleva muchos años en la empresa y, a veces, es un poco la conciencia de todos. Tiene autoridad y sabe administrar su poder, está acostumbrado a situar a sus vendedores en el tablero de juego del mercadeo. No puede eludir sus responsabilidades y objetivos porque son los más definidos y claros de la empresa. Según palabras textuales del DG, «con los recursos disponibles y estos precios tienes que vender X cantidad en X tiempo. No nos expliques historias, ni cómo tienes que hacerlo. Ve a las trincheras del mercado y no vuelvas hasta que lo hayas logrado».

---

83 Ken Blanchard: *El autoliderazgo y el ejecutivo al minuto*, Barcelona, Granica, 2006.

Mientras Juan Antonio se acomoda en su butaca, por la mente de Jaume fluyen varias ideas:

> Cada dos años vivo «una nueva organización», nada perdura... el mercado decide. No actuar como siempre, integrar nuevos profesionales en la estructura de la empresa... Por cierto, echan raíces menos de la mitad. Eso de cambiar la cultura de trabajo puede estar bien. Estaré bajo un paraguas y no me mojaré si no afecta a mi parte del margen, es lo ideal. ¡Qué cada uno se aguante su vela! Seré un capitán seguro de mi destino y mantendré el rumbo bajo viento y marea.

Jaume tiene las cosas claras, considera que con palabras sencillas y directas llegará a la amígdala de su equipo, transmitirá esa emoción que él siente. La inteligencia adaptativa hará el resto.

– Horas de soledad, vivo mi soledad, mis largas horas de pensar en cómo lograrlo —Jaume rompe el incómodo silencio que ha generado Juan Antonio—. Durante días, en las antesalas de los jefes de compra, en los desplazamientos, pierdo de vista la empresa y lo que se cuece en ella. Estoy más del ochenta por ciento del tiempo viajando, vendiendo, montando nuevos planes, valorando estrategias que han quedado obsoletas. Aunque conozca a los clientes, el comprador siempre varía y tengo que ingeniar otro «valor sujeto oyente». Todas las semanas radio macuto me avisa: ¡aquél ya no está! Y hay que empezar de nuevo. Nunca tengo la tranquilidad de jugar con un puzzle completo, de día coloco piezas y por la noche el mercado me las quita. La globalización es más una amenaza que una oportunidad porque puede obligarnos a volver a empezar —tras este inspirado discurso el director comercial se centra en el tema—. Como sabía que hoy hablaríamos de los *happy losers*, me he documentado sobre el asunto y he encontrado las siguientes conclusiones del famoso psicólogo francés Clotaire Rapaille[84]: «Los vendedores somos perdedores felices. Somos gente que saboreamos cuando nos rechazan y nos gusta el trabajo de vender porque tenemos la oportunidad de ser rechazados con frecuencia. El rechazo nos anima». «Esa frustración, la de no vender, a los vendedores nos da tanta satisfacción que nos hace creativos y nos aporta energía». Incluso sugiere dar premios a los comerciales resaltando sus fracasos. Por ejemplo, si Mariano es líder en ventas en toda la marca y ha vendido 430 coches, habría que decir: «El ganador es Mariano, que de 2.400 clientes interesados sólo consiguió vender a 430». Según Rapaille lo que de verdad hará feliz y llenará de energía a Mariano es haber fracasado 1.970 veces y haber sido el mejor vendedor. No estoy del todo de acuerdo, pero es una buena manera de presentar el tema, quizás estas palabras hagan reflexionar a nuestro equipo. Sería interesante realizar la siguiente pregunta tras presentar estas conclusiones: ¿Cuál es el mejor bien que puedes aportar a la empresa? Es imprescindible que sean conscientes de que cubrir el objetivo no es la meta final porque el mercado es infinito. Además, si surge un problema sólo existen dos posicionamientos: colaborar para solucionarlo o formar parte de él, es decir, tener un problema o ser un problema[85]. Por naturaleza consideramos los problemas mayores de lo que realmente son, no sabemos transformarlos en nudos. Para evitar que la autoconmiseración nos venza hemos de involucrarnos, sólo

84 Véase la entrevista en «La Contra» de *La Vanguardia,* 3 de septiembre de 2006.

85 Fromm, Erich: *¿Tener o Ser?*, Madrid, FCE, 1978.

dialogando con los demás conseguiremos aprehender el conocimiento necesario. La actividad comercial siempre ha de ser la solución de las empresas, nunca el problema. Todo gira alrededor de la venta. Es evidente. Es indiscutible. El talento está en organizar la parafernalia mágica para ejercer el arte de vender.

Pilotando el margen —prosigue Jaume— estaremos unidos a la «cocina» de la empresa a través de la plataforma de comunicación Vibo. Aún no entiendo muy bien todas sus posibilidades pero si lo ven bien marketing y el *controller* seguro que es buena para mi gente.

– ¡Oye Jaume! —interrumpe Juan Antonio con cara de desprecio—. Si los comerciales funcionasen como tú pregonas, las empresas nunca tendrían problemas de ventas y, por supuesto, el margen estaría asegurado. Está muy bien ese papel de perdedores sistemáticos que os dan porque muchas veces cuando ya habéis llegado al objetivo os paráis. Cuando perdéis una venta siempre hay una excusa y nosotros, que no podemos hacer nada para evitarlo, sufrimos las consecuencias.

– Justamente tú —responde Jaume—, has actuado como un *happy loser* llegando tarde, has malgastado nuestro tiempo y aún no has aportado nada constructivo a esta reunión.

– Has de saber, Juan Antonio —interrumpe Paula—, que un perdedor feliz es aquel que permanece inmune ante una pérdida evidente para su entorno. Has llegado más de una hora tarde y como si no pasara nada, ¡es increíble! Esa pasividad responde a un YO que te autoprotege, como a un auténtico *happy loser*. La acción de vender es la más acotada por las limitaciones del propio mercado. Tú, como jefe de operaciones, en el peor de los casos, te puedes encontrar con la cocina saturada si no hay clientes que te la vacíen, pero no tienes elementos sorpresa que alteren tu gestión. Has de hacer bien las cosas, pero sabes qué hacer. No es tan sencillo en marketing y comercial. Crear de cero nuevas emociones para poder vender y jugar siempre en campo contrario es muy difícil, sobre todo si hay profesionales como tú que se toman la organización como un terreno privado.

– Efectivamente —interviene de nuevo el responsable de ventas—. Al cliente hay que guiarlo en la dirección correcta. Prestarle la atención adecuada es igual de importante que el producto en sí. Son los clientes los que mueven las empresas. Para atender sus demandas y exigencias todos tenemos que estar alerta, un «valor servicio» óptimo es imprescindible.

– Para lograr ese valor —comenta Stefan—, nuestro equipo ha de estar motivado. He leído el informe Cátenon (estudio anual de satisfacción laboral y calidad de vida de 2007) y sostiene que las tendencias sociales actuales están relacionadas con el tiempo libre y de ocio. No podemos olvidar que estas tendencias inciden en las pretensiones de los profesionales. Por ello, es preciso no perderlas de vista en los nuevos reclutamientos. Además, podemos aplicarlas como una variable más en los nuevos presupuestos, como «factor social». Entre otros muchos datos, para mis escandallos incluiré éstos:

- Un 75 % de españoles está dispuesto a cobrar menos por tener más tiempo libre.
- Un 58 % de los empleados asegura estar satisfecho con su trabajo actual.
- El 67 % de los encuestados asegura que, con buenas

condiciones, se iría a vivir fuera de España.

- 3 de cada 4 encuestados consideran que la posibilidad de un horario flexible, el teletrabajo y las guarderías gratuitas son una contraprestación de gran peso.

– ¡Hombre! —exclama Julio—. ¿Crees que recuperaremos a los perdedores felices aplicando estas tendencias? Si los profesionales que actúan como *happy losers* se sienten forzados al cambio podemos generar «reactancia psicológica»[86] y se reafirmarán en esa conducta despreocupada. Para aceptar que son un problema, aceptarlo de buen grado, es preciso aplicar a los *happy losers* la terapia adecuada. La decisión de modificar esta actitud depende básicamente de dos factores: la sensación de amenaza y la confianza. La vulnerabilidad percibida y la autoeficacia o expectativa de éxito son útiles en enfermos que no aceptan sus diagnósticos. El «valor reactancia» es la aceptación de los cambios en el entorno del margen. Pilotar el margen implica saltear las tormentas y, para ello, os estamos entrenando.

Son las 11.15 h.

– Es hora de que cada uno reflexione sobre cómo es un *happy loser* —indica Mikaela—. Es muy sencillo. Para mí, un perdedor feliz es aquel que crea su propio escenario y se sube a actuar con la intención de vivir del público que asista. Este tipo de profesionales consideran que, para poder mantener su *modus vivendi*, únicamente han de valorar dos condiciones: que se les permita no trabajar como a todos y

86 Deseo de reafirmarse en la conducta inicial.

que se acepte alimentarles. Si su actividad no es requerida por el entorno, cuando sea detectado se quedará «fuera de juego». ¿Queréis tener un Frederick?

> Érase una vez una familia de ratones. El verano llegó a su fin y recolectaban provisiones para el invierno. Recolectaban grano, nueces y paja. Sólo uno de ellos no hacía nada: Frederick. «Frederick», le preguntaron los demás ratones, «¿por qué no trabajas?». «Claro que trabajo», dijo Frederick, «recolecto rayos de sol para el invierno». Poco después le preguntaron: «Frederick, ¿qué haces ahora?». «Recolecto colores», dijo él. Más tarde volvieron a preguntarle: «Frederick, ¿duermes?». «No», dijo, «recolecto palabras para el invierno».
>
> El invierno llegó y de repente hizo mucho frío. Entonces se acordaron de Frederick. «Frederick, ¿qué tal tus provisiones?», preguntaron los ratones. «Cerrad los ojos», dijo Frederick, «ahora os enviaré los rayos de sol». Los ratones cerraron los ojos y sintieron el calor. «¿Y qué ocurre con los colores?», preguntaron los ratones. «Cerrad de nuevo los ojos», dijo Frederick, y les habló de las flores rojas y azules y del amarillo de la paja. Los ratones cerraron los ojos y vieron los colores. «¿Y qué tal las palabras?», preguntaron los ratones. Y Frederick buscó las palabras y les contó una historia de ratones. Era tan hermosa... Los ratones se maravillaron y gritaron «Frederick, ¡pero si eres un poeta!» [87]

Happy losers, perdedores felices, comerciales a los que se pretende premiar por lo que les queda por hacer, profesionales no cumplidores de la lógica laboral que creen pasar desapercibidos, ejecutivos que quieren asegurar su premio laboral antes de ganarlo... Los nuevos mercados pondrán a

---

87 Leo Lionni , «Frederick», *http://blogs.ya.com/hautor/200510.htm*

cada uno en su lugar. Pilotar el margen es localizar soluciones, anticiparse ordenando las operaciones para tener un aterrizaje seguro y poder ser feliz.

Para concluir la transformación de los *happy losers* en ganadores felices, el éxito de una organización para hacer frente a los retos pasa por el siguiente decálogo:

1) Ser consecuentes con la realidad externa e interna.
   a) Para sobrevivir en esta era las empresas tendrán que adaptarse a sus transformaciones o, mejor aún, provocarlas.
   b) Se ha de crear un buen clima laboral.
   c) Se necesita, sobre todo, talento, ideas e innovación.

2) La innovación es imprescindible para lograr el objetivo margen.
   a) Inventar o reinventar lo establecido. Inventar nuevos segmentos y necesidades. Reinventar la forma de producir, vender o distribuir los productos y servicios.
   b) La innovación ha de estar presente en cada operación de la empresa: estrategias, administración, marketing, recursos humanos...
   c) La gestión de talento convierte el talento individual en organizativo. Al optimizar el talento mejorarán los resultados financieros.
   d) Si el talento y la capacidad de las personas son necesarios también lo será la capacidad de sorprender.

3) ¿Qué premisas siguen las organizaciones que funcionan?
   a) Un liderazgo que logra que la gente se comprometa.
   b) Hacer partícipes a todos. No hay que alarmar pero es preciso que no sólo se superen ciertas situaciones

(crisis), también se ha de barrer el mercado para «ser los mejores».

c) Los líderes tienen que hablar de emociones y valores. Hemos de formar parte del proyecto no sólo para mantener el propio salario, sino para que la empresa crezca. Si no se consigue, difícilmente se logre la gestión del talento.

4) Valores de fuga del talento en una corporación con «vida»

a) Uno de cada tres trabajadores planea dejar la compañía dentro de los próximos dos años.

b) La pérdida de empleados, especialmente de responsables comerciales, tiene un gran impacto en los resultados, hasta de un 50 %.

c) Los principales factores de la «pérdida de talentos», que son el liderazgo y las oportunidades de desarrollo de carrera, resultan más importantes que el salario.

5) Un profesional que no cambie de empresa es un trabajador acomodado.

a) En España el inmovilismo y el miedo al cambio se confunden a menudo con la fidelidad y la fiabilidad. En las empresas con matriz internacional ya aceptan y trabajan en este rol de rotación.

b) Fidelidad. No ser conflictivo, sacrificar la expansión de la empresa a cambio de no plantear problemas organizativos a dirección.

c) Fiabilidad. Objetivar mínimos para no tener riesgos de quedar evidenciado.

6) ¿Por qué es tan difícil trabajar en equipo?

a) Se ha demostrado que la eficiencia a largo plazo siempre se consigue mejorando juntos.

b) Los profesionales innovadores saben que si la empresa no avanza deben cambiar de compañía, pero el «factor miedo» es el «emperador» de muchas corporaciones, provoca que los empleados se atrincheren en sus problemáticas.
c) Si las cosas no van bien nos entra el pánico, ¡tenemos que aceptarlo! Es una situación transitoria que siempre, siempre, puede superarse.
d) El miedo hace que nadie asuma el riesgo de innovar. Esta carencia imposibilita la adaptación de las empresas a los cambios del mercado.
e) El miedo condiciona el razonamiento pero, sobre todo, paraliza la creatividad y congela la innovación. Es inmovilista.
f) Si una empresa, organismo vivo con millones de conexiones, se paraliza por miedo, no se adapta a los cambios del mercado. Será devorada por compañías innovadoras.
g) Según Pilar Jericó, en el 51 % de las organizaciones españolas el miedo al cambio, al error, al fracaso y a perder el cargo condiciona el proceso de toma de decisiones y acaba impidiendo que las empresas evolucionen.

7) ¿Miedo a qué?
a) Si estamos inseguros de nuestros valores profesionales, el miedo manipula nuestras iniciativas y propuestas.
b) Los comerciales mediocres potencian el miedo al error porque el pánico a equivocarse aniquila la creatividad y la innovación. Además, no informan de la verdad en sus acciones.

c) El miedo a no «dar la talla» esconde falta de confianza en uno mismo y provoca que una empresa sea inmovilista.

8) ¿Cómo superar el factor miedo?
a) Si basas tu seguridad en lo que tienes, tendrás siempre más miedo que si la obtienes de lo que eres.
b) Has de ser tú mismo y no lo que exija tu entorno. ¡Sé lo que eres!

9) El error forma parte del éxito.
a) El error inspira la innovación, no debe penalizarse. Aunque ha de analizarse no tiene culpables sino responsables dispuestos a aprender de él.
b) Cuando se detecta un error lo fundamental es subsanarlo y descubrir qué nos enseña. Tienes que asumirlo y emplear su mensaje para mejorar.
c) Un error bien estudiado lleva más lejos que un éxito fortuito.

10) Tú no eres un empleado de tu jefe, sino de la empresa.

En definitiva, la gestión de uno mismo es parte de nuestra función profesional. El destino ya no nos aguarda, se fabrica. En el mundo laboral, las demandas clásicas de autonomía, flexibilidad y libertad están a la orden del día. Hemos de olvidarnos de la autoinculpación para razonar un fiasco personal. La autoestima no puede decrecer por necesitar figuras de autoridad. Probablemente, la ansiedad se apodere de nosotros por esa supuesta falta de autoridad y, como dice Renata Salecl en su obra *On Anxiety*, «la ansiedad es un trastorno mental que afecta a la vida de la persona y se manifiesta como un temor extremo que el organismo desarrolla ante situaciones entendidas como amenazas a la supervivencia».

Se genera precisamente cuando el individuo intenta librarse de ella. Por ello, el empresario y el artista han de confundirse a través de la constante autoinvención de uno mismo. Ése es el negocio de hoy, inventarse una vida flexible.

5. Presentismo: ¿Carpe Diem en las empresas?

Efectos de la no integración en la organización

La sala está a media luz para poder visualizar una presentación que Iñaki ha traído para la reunión.

– ¡Felicidades! ¡Hola a todos! —exclama el DG.

Fija su atención en los cuatro investigadores y les sonríe. Se han sentado juntos de forma espontánea contradiciendo sus propias indicaciones. Para hacer más viable la implantación de pilotar el margen deberían estar con sus correspondientes colegas de la empresa, sobre todo, a estas alturas de la instrucción; está llegando a su ecuador. Tras observar esta situación el DG se dirige a Mikaela:

– ¿Cómo una experta en comunicación no forma equipo con mis responsables? ¿Cómo os retroalimentaréis si no bebéis de la misma fuente?

– ¡Tiene toda la razón! —afirma con mucha vivacidad Mikaela—. ¡Rápidamente lo solucionamos!

– ¡Stop! Justamente hoy me viene bien esta distancia entre vosotros. Gracias por la predisposición al cambio —comenta el DG amablemente—. ¡Cómo se nota que no entras en conflicto por poca cosa! Tranquila, ya me va bien. ¡Hoy es mi día! Os necesito para que me ayudéis a «trabajar» la materia prima que me toca procesar para obtener el mejor producto posible. ¿Me entendéis?

Se puede sentir el suspense en el ambiente. Todos miran atentamente al DG, éste permanece en silencio con una sonrisa amortiguada.

– ¡No os dejéis abatir por la duda! —prosigue—. En las empresas actuales es muy complicada la supervisión. En cada momento suceden tantas cosas que requieren mi atención que constantemente necesito delegar. Para ello, es imprescindible tener la información correcta. Debo rodearme de profesionales que observen lo que ocurre, que estén atentos a los detalles, para que me hagan intervenir sólo si realmente se requiere mi aprobación. ¡No puedo darme el lujo de contar con otros recursos! Yo tengo a mis responsables y vosotros —su mirada ya no se centra en los investigadores— tenéis a vuestro equipo. Pero si pretendemos mejorar tras la formación de estos instructores hemos de aprender otros modernos procedimientos de trabajo. Seguro que tenemos empleados en todos los niveles y áreas que, por su talante en el ejercicio del día a día, tienen la actitud del «¡ya está bien!». Siempre se quedan a medio camino al buscar soluciones definitivas. Coloquialmente los llamamos «pasotas» —aclara el DG con ruda cortesía—. Hoy en día las empresas tienen que gestionarse como un partido con dos contrincantes. Por un lado, el equipo de profesionales y, por otro, los problemas que cada trabajador debe superar. Si tengo que enfrentarme a multitud de problemas significa que vosotros, mi equipo, estáis perdiendo el encuentro; los problemas os superan. Hay que estar siempre alerta, en cada momento. Tened el problema a la vista, esperadlo, vedlo venir. ¡No os dejéis sorprender por los problemas previsibles! Hemos de estar mentalizados para pasar de problemas a nudos. ¿Qué puede alterar el orden establecido? Reflexionar en torno a esta cuestión porque malear este orden impide ejercer una dirección organizativa que lleve a la empresa a un alto nivel competitivo.

El DG hace un alto en su discurso y mira a su audiencia a los ojos buscando complicidad. Nadie responde.

– Ya habréis supuesto —continúa diciendo— que mi materia prima ¡sois vosotros! Junto a mi equipo puedo crear valor en la empresa. Con los profesionales que no estén en sintonía con nuestra filosofía tengo un conflicto. Pilotar el margen es un deporte limpio, no es aceptable hacer trampas. Además, nuestro trabajo ha de estar proyectado al futuro. Seguro que tenemos en nuestra organización a trabajadores que sólo piensan en el presente, en salir del paso en un momento determinado. Estos empleados son presentistas o momentistas, no utilizaremos el despectivo término de «pasotas». Me gustaría pediros ayuda —el DG se dirige principalmente a los investigadores—, NECESITO vuestro consejo. No quisiera haceros ninguna «pregunta tonta» [88] porque las respuestas obvias, las que no estoy dispuesto a escuchar y aquellas cuyo mensaje quiero oír son inútiles para lograr el objetivo margen. ¡Sé que de vosotros puedo

88 Ken Blanchard: *El autoliderazgo y el ejecutivo al minuto*, Barcelona, Granica, 2006.

esperar respuestas inteligentes! ¿Cómo detectamos a esos momentistas? ¿De qué manera solucionamos el problema? Debemos recuperarlos porque están alterando el ambiente propicio para un pilotaje del margen exitoso.

Todos están gratamente sorprendidos, sus bocas los delatan.

– ¿Quién empieza? —pregunta el DG—. Sería interesante que primero estableciéramos un orden en los términos y variables a tratar.

– ¡Aguarde un momento! —interviene Mireia.

Como no podía ser de otra forma, la instructora comercial, una emprendedora nata y muy confiada en sí misma, dice:

– Con su permiso señor director, me voy junto a mi colega Jaume porque estoy aquí para ayudarle en la toma de decisiones. Si tenemos que hablar de la forma de detectar a los presentistas, el director comercial es quien mejor los conoce. Si me NECESITA, quiero estar a su lado para retroalimentarlo con mis experiencias en otras empresas. Por cierto, hace pocos meses he tenido la oportunidad de observar de cerca un caso interesante en una empresa de servicios para hostelería.

Caso I

Empresa con más de 3.000 puntos de venta. Plantilla de 30 empleados. Innovadora en producto y modelo de negocio. El crecimiento de la empresa se basa en ampliar la gama de productos con todos los materiales que pueden utilizar sus clientes en los trabajos de reparación de maquinaria de hostelería y hogar.
Un empleado de alto nivel en la dirección técnica no estaba dotado o, por lo menos, no actuaba acorde con la necesidad prevista. Además, dificultaba la aplicación de mejoras en los procedimientos y entorpecía la labor de los demás. Su nivel salarial estaba suficientemente dimensionado para que, de hecho, fuese el impulsor y no el freno. Después de múltiples intentos se acuerda su cese. La dirección distribuye su trabajo entre los demás empleados y, como por arte de magia, se pasa de «trabajar sólo para el presente» a «trabajar con la visión puesta en el crecimiento, en el futuro». La empresa del señor Antonio Jiménez ha sabido pilotar el margen, ha eliminado el factor presentismo.

¿Acaso no es obvio desprenderse de quien no está en sintonía con los objetivos? —cuestiona Mireia, que guiña un ojo a Jaume aprovechando la poca luz de la sala.

– Mira, querida Mireia —interviene el DG, dirigiéndose a ella con una sonrisa de placer—. ¡Me parece muy bien! Vamos a profundizar y, si lo hacemos bien, podremos dar un impulso para erradicar a los presentistas. Mejor encendemos todas las luces, hablamos y, al acabar la reunión, vemos la presentación que Iñaki nos tiene preparada. Si recuperamos a la gente distanciada del interés común, podremos animarnos a anticipar planes futuros que mejoren nuestras posibilidades en el mercadeo.

– ¡Vamos a exponer los diferentes aspectos y puntos de vista del tema a debatir! —expresa Mireia— ¿Qué podemos hacer para que se afronten el cambio, mejoren y avancen hacia nuevos horizontes? ¡Vaya! Si es lo que razona con tanta originalidad Spencer Johnson en su excitante narración de aventuras y desventuras *¿Quién se ha llevado mi queso?* [89] Esta obra puede cambiar tu actitud hacia un jefe que te ha modificado el trabajo o la forma de proceder. Todos los cambios inician una nueva forma de desarrollo profesional y te permiten vivir nuevas situaciones —afirma muy convencida, dando por supuesto que todos conocen la historia de los ratones Fisgón y Escurridizo.

– ¡Caramba! ¿Vamos a hablar de quesos? —bromea Juan Antonio antes de reiniciar el tema que les reúne—. Unos transportistas no se presentan a la hora prevista para cargar o lo hacen sin avisar. Otros no hacen el reparto en el orden establecido. Si les amonestas, es posible que al día siguiente

empiecen a buscarse otro trabajo. Yo cada día vivo el presentismo en carne propia. Se ha perdido la seriedad en el trabajo —asevera gesticulando con desprecio—. Yo aguanto aquí porque soy así de bueno, sin mí esta empresa se pararía.

– ¿Alguna vez se ha parado una compañía por un profesional? —plantea el DG—. ¡Para nada! Juan Antonio, has de ser realista, por favor. Te propongo utilizar tu experiencia para decidir qué analizamos y cómo dejamos hoy resuelto nuestro problema: «recuperar» a todos los presentistas. Espero que en un mañana cercano sean también pilotos del margen.

– Como no, señor director —contesta Juan Antonio—. El primero que desea poder ayudar soy yo.

– ¡Por eso confío en ti! —asegura el DG.

89 Spencer Johnson: *¿Quién se ha llevado mi queso?*, Barcelona, Urano, 2001.

Stefan, el *controller*, pide a Julio que también vaya a su lado y pregunta al coordinador del debate:

– Juan Antonio, ¿puedo proponer una orden de ataque al tema?

– ¡Naturalmente! —responde el director de operaciones.

– Vamos a ver —empieza Stefan—, para situarnos podríamos hablar de estas seis cuestiones:

1. ¿Cómo se identifica a un momentista?
2. ¿Qué posición adopta ante situaciones diversas?
3. ¿En qué situaciones lo detectamos?
4. ¿Con qué errores lo detectamos?
5. ¿Cómo se llega socialmente a serlo?
6. ¿Qué soluciones podemos aplicar?

– ¡Ostras! —exclama Juan Antonio con una sonrisa sincera y contagiosa—. ¡Como si estuvieras preparando un presupuesto anual!

– He pensado muchas veces —interviene Paula— que hay individuos que creen que están solos en el mundo, prescinden de todas las cosas que ellos no necesitan. Cuando recuerdo esto me viene a la mente el mensaje de la canción *Imagine* de John Lennon. ¿La recordáis?

En un instante, Paula, que hasta entonces parecía tímida, adopta una posición brillante. Se pone de pie con los ojos iluminados y recita:

Imagine there's no heaven,
it's easy if you try,
no hell below us,

above us only sky.
Imagine all the people
living for today…

Acaba, se sienta y todos le dedican un tremendo aplauso. Paula está sumergida en su asiento y Juan Antonio acaba con su momento de gloria:

– Esta canción describe un mundo perfecto pero irreal.

– ¿Qué has querido decirnos Paula? —pregunta Mikaela.

– Muy sencillo —contesta—. Unas veces, el presentista aspira a otro tipo de vida y, otras, la sociedad lo ha moldeado mediante múltiples agresiones. Suelen ser personas con poco espíritu que pasan temporadas difíciles. La sociedad les cierra la puerta, las deja desamparadas. Como dice Daniel Goleman[90]: «Hay gente que funciona si los demás le ayudan […] Para ello, podemos aumentar nuestra resiliencia e inteligencia social y modificar, de este modo, nuestra participación en ese tango social». Según este psicólogo, debemos activar relaciones resonantes porque las vitaminas emocionales nos alimentan y nos ayudan a superar los momentos más difíciles.

– ¡Sin duda! —confirma Mikaela—. Hay que montar una ingeniería social que evite la cosificación de las personas, no pueden perder su valía. Si se despersonalizan las relaciones disminuye la calidad de vida. Hay que promover la sabiduría social para tener sensación de bienestar.

– Para poder pilotar el presupuesto —opina Julio—, necesito que los individuos estén predispuestos a colaborar

90 Goleman, Daniel: *La inteligencia social*, Barcelona, Kairos, 2006.

«sin una ceguera económica que no permita asumir el punto de vista de los demás». También he estudiado a Goleman y da excelentes pistas para entender cómo se puede aplicar la neurociencia para fomentar la camaradería.

– ¡Que así sea! —exclama Mireia—. Hay que conectar la esencia común para alcanzar el «valor comunidad» —su expresión es más triste que optimista porque lo ve complicado—. Toda la organización debe implicarse.

– ¡Ah sí! En muchas ocasiones pasamos por alto lo esencial —afirma el DG— pero para eso nos reinventamos con esta nueva etapa de pilotar el margen.

Stefan, por su veteranía, se apunta a dar un toque aún más serio al tema y dice:

– A mi edad, con cincuenta y ocho años, creo que mi mente está en su mejor momento. Nunca había visto tan claramente la visión global de las situaciones y considero que es una forma sensata de afrontar las dificultades. Si cometo un error lo asumo e intento aprender de él. No comprendo por qué los políticos de alto nivel eluden reconocer sus errores. Guiarse por el ego o hacer la vista gorda ante determinados temas para no arriesgar el poder no caracteriza un *management* correcto. En todos los niveles se vive el momentismo. En unos casos, se pierde la memoria histórica y, en otros, se vive al día. Hay individuos que quieren distorsionar el presente. Es de vital importancia aceptar que «en todas partes cuecen habas» y nuestra empresa no va a ser menos. Tenemos que analizar todos los niveles de nuestra organización para detectar y solucionar el problema de los presentistas.

– ¡Tienes toda la razón! —asevera Juan Antonio—. Ya veo por dónde vas, tu objetivo se deduce, como dice Woody Allen: «Siempre que alguien empieza a hablarte de Dios acaba pidiéndote dinero». Se trata de volver al presupuesto y buscar soluciones. Hemos de dejar de filosofar y ponernos a pilotar el margen. Por eso estamos aquí, formándonos y aprendiendo, como me recordasteis en la reunión sobre los *happy losers* cuando llegué tarde. Todos habéis podido apreciar que hoy no ha ocurrido.

– ¡Tú lo has dicho! —responde Stefan—. ¡Dejemos de filosofar! Ya lo dijo Napoleón al ser proclamado cónsul: «Ha terminado la novela de la Revolución. Es preciso comenzar la historia, ver sólo lo que hay de real y de posible en la aplicación de los principios y no lo que hay de especulativo y de hipotético. Hoy día seguir otro camino no sería gobernar, sino filosofar»[91]. Con todo lo que estamos aprendiendo hemos de empezar a reconstruir la historia de nuestra empresa.

– ¿Acaso no es obvio? —interviene Paula—. Lo principal es conocer las motivaciones de los presentistas porque «lo que resiste persiste, lo que aceptas se transforma»[92]. Estos profesionales viven el presente y no se preocupan por organizar las repercusiones de acciones pasadas ni se plantean intentar ordenar el futuro.

– ¡Eso mismo! —salta Iñaki—. Hoy en día cada uno va a lo suyo, ¿o no? Debemos detectar el problema del momentismo y pasarlo a un nudo. ¡Vamos a ello!

---

91 José Antonio Marina: *Los sueños de la razón*, Barcelona, Anagrama, 2003.

92 Lema budista.

Todos se acomodan en sus asientos con una gran sonrisa, la sesión está siendo un éxito.

– ¡Señores! —interviene el DG—. He podido apreciar que tienen conocimientos de historia y política. Ahora se trata de pilotar el margen.

¡Ya está bien! Aviso de la ignorancia

¿Cómo se identifica a un presentista?

– A continuación, toca responder a las preguntas planteadas por Stefan —solicita el DG dirigiéndose a todos los asistentes y, en especial, a Mikaela.

– A un momentista se le reconoce por su reacción ante los problemas —contesta la joven finlandesa—. Por ejemplo, cuando durante el día responde:

– ¡Ya está bien!

– ¿Qué pasa contigo? (Si añade el «tío» el individuo es preocupante).

– No me como más el coco.

– Cada uno hace lo que puede.

– ¡Hoy tengo mal el trío! Sí hombre, el estrés, la ansiedad y la depresión.

– ¡Bah! No es tanto.

– *D'on no n'hi ha, no en pot rajar* («De donde no hay, no puede salir»).

– ¡Hola! ¡Ves! Está bien visto marginarse.

– ¡Ah! Sí, sí, sí… ¡Ya lo sé! (Aseverar repetidas veces es síntoma de no querer colaborar).

– ¡Vaya! ¡Siempre me toca a mí! ¡Qué suerte la mía!

Y respuestas similares que, sin duda, todos tenéis en mente —aclara Mikaela—. Como podéis apreciar, el propio saludo ya delata al presentista. Por ello, como piloto del margen, el saludo no lo improviso. Lo pienso y lo lanzo a ver qué respuesta obtengo. Éstos son los que tengo en mi agenda mental para iniciar una conversación:

– ¿Cómo te sientes?
– *How do you feel?*
– *Good start!*
– *What a lovely day!*
– Échanos una mano…
– ¡Mi enhorabuena!
– ¿Me estoy perdiendo algo?
– ¡Hola gigante!
— ¡Alerta! Vamos a ver qué hacemos…

Y para cerrar un diálogo:

– ¡Hasta pronto!
– *See you soon!*
– *Ikusi Arte!*
– Sí, ¿y qué pasa con eso?
– ¡Por eso somos buenos!
– ¿Tanto cuesta admitirlo?
– ¡Huy! Eso será lo más difícil.
– Sino porque….
– ¡Cómo cuesta decir te quiero!
– Me alegro de haber sintonizado en este asunto…

Como veis, juego con los idiomas, para poder adaptarme a cualquier situación —concluye Mikaela.

¿Qué posición adoptar ante diversas situaciones?

– Además —prosigue la joven formadora—, espero a quedarme a solas con el momentista y lanzo a su mente en forma de emoción estos mensajes: «cada día hay que trabajar», «solos no somos nada», «hay que cumplir unas normas». ¿Cómo lo logro?, os estaréis preguntando. Pues muy sencillo, le explico esta historia popular africana:

> Cada mañana en África se despierta una gacela. Sabe que tiene que correr más rápido que el león, ha de ser más veloz si no quiere que la mate.
>
> Cada mañana se despierta un león. Sabe que tiene que ganar a la gacela más lenta si no quiere morir de hambre.
>
> Da igual que seas león o gacela. Cuando salga el sol, más te vale empezar a correr.

Así doy el *training* por cerrado —afirma Mikaela—. Le hago ver que no puede hacer tambalear la organización y que no debe estar entre bambalinas.

¿En qué situaciones aparecen?

– El propio momentista se descubre al saltarse las reglas –expone la instructora– ya que actúa con «anomia boba»[93]. El sociólogo argentino Carlos Nino sugiere que las normas sociales se formulan para reducir las anomalías y permitir alcanzar los objetivos. Si no se presta atención a dichas normas pueden derivarse tres tipos de comportamiento:

---

93 Término acuñado por Carlos Nino. Véase Nino, C.: *Un país al margen de la ley,* Buenos Aires, Emece, 1992.

– «Finalista». Coincide con las aspiraciones generales, pero se pretende alcanzar la meta a través de una conducta no prescrita por la norma.

– «Formalista» o «ritualista». Se observa la norma, pero se ignora su utilidad. Es propio de burócratas.

– «Chicanero». Se aprovechan los intersticios de las reglas para satisfacer fines personales aunque se perjudique al conjunto.

Las normas no pueden ser ni muy represivas ni muy laxas porque deben proteger pero, al mismo tiempo, permitir la libertad. Si aportamos la información adecuada, el presentista se dará cuenta de que nos afecta su postura no positiva y apreciará que estamos preparados para desenmascarar su comportamiento.

En definitiva —finaliza Mikaela—, la anomia o falta de normas es un problema que no debe estar presente en la organización. Los profesionales han de tener a su alcance lo necesario para llegar al deseado destino: el margen. Tenemos que normalizar, sobre todo, los objetivos de cada puesto de trabajo para transformar fácilmente los problemas en nudos.

¿Con qué errores los detectamos?

– En esto puedo ayudar —interviene Jaume para aportar la veteranía de quien pisa cada día la calle—. Los presentistas están en todas partes. Cuando los comerciales los tienen que tratar bajo el rol de clientes o de empleados que trabajan para los clientes, el tema es de armas tomar. En estos individuos, a las primeras de cambio, detectas el siguiente comportamiento:

– Todo les suena a bla, bla, bla…

– Son inexpertos pero desean aplicar su poder.

– Organizan follones o participan en ellos.

– Hacen una cosa por día, no quieren más.

– Creen que son felices porque intentan desarrollar un «sueño infantil» en su unidad de trabajo.

– Pretenden saberlo todo ipso facto.

– Se enfadan consigo mismos ante un problema y no pueden pasarlo a nudo porque no tienen un plan alternativo. Es fundamental tener siempre en mente un «valor plan B».

– Prometen una cosa pero hacen otra.

– Nunca te preguntan «Y tú, Jaume, ¿qué piensas sobre...?».

– No saben apreciar un síntoma.

Los momentistas son soñadores que no ven la realidad que se les echa encima.

¿Cómo se llega socialmente a ser un presentista?

– ¡Claro! —exclama Jaume inconscientemente en voz alta.

Nunca le habían pedido información sobre sus clientes, su materia prima, porque no se utiliza la palabra clave para intercambiar conocimiento: NECESITO...

– Con los años he descubierto —prosigue el director comercial— que no existe una única manera de comportarse, sino que cada uno tiene la suya. Yo siento las necesidades de mis clientes como si fueran mías para llegar a entender su situación. Por ello, en todo momento los valoro individualmente sin olvidar que todos quieren lo mismo: «tener más negocio», aunque cada uno lo intente de una forma distinta. Si te dejas llevar por los clientes, sin ir a la deriva para no perderte en sus sugerencias, estás más cerca de saber qué quieren. En cambio, si impones tus ideas proyectas un viaje lineal, quiero ir aquí o quiero llegar a esto, te pierdes muchas cosas.

Divagar en el mercadeo enriquece —afirma Jaume—. Un presentista no entiende que todo sucede siempre por una razón, no acepta las evidencias, no busca soluciones, actúa sólo para salvar las apariencias y no se preocupa por buscar el sentido de lo que nos rodea.

¿Qué soluciones podemos aplicar?

– Para lograr que los presentistas pidan ayuda —continúa Jaume—, para reactivarse en la sociedad que los rodea, han de decidir si son oveja o tigre:

> «Había una vez una tigresa preñada que estaba buscando alimento. Vio un rebaño de ovejas y se abalanzó sobre ellas. Dio cuenta de una pero, a raíz del esfuerzo en su estado de gravidez, murió mientras daba a luz.
>
> El cachorro de tigre nació huérfano, en medio del rebaño de ovejas. Sin saber su verdadera identidad, el tigrecito se unió al rebaño y aprendió a caminar, comer y balar como las ovejas. El cachorro también aprendió a sentirse víctima, a lamentarse, a echar la culpa a los demás por sus penurias, tal como hacen las ovejas.
>
> Un día, otro tigre que andaba por la región se encontró con esta escena ridícula: un cachorro de su especie caminando, comiendo y balando como una oveja. Con un gran rugido, el tigre corrió hacia el lugar de pastura, desparramando a las ovejas. El tigre adulto tomó al cachorro, lo arrastró hacia un estanque y lo forzó a mirar su reflejo en el agua mientras le decía: "¡Mira!, no eres una oveja, eres como yo, eres un tigre. Eres un tigre y tienes la fuerza, el coraje, la libertad y la majestad del tigre. Eres responsable de tu destino; eres el cazador, no la presa".
>
> Entonces, el tigre dio un rugido inmenso y glorioso. Esto aterrorizó y excitó al cachorro. El tigre le dijo entonces: "¡Ahora,

ruge tú!". Los primeros intentos del cachorro fueron patéticos, a medio camino entre un balido y un chillido. Pero pronto, bajo la tutela del tigre adulto, el cachorro desarrolló su verdadera naturaleza y aprendió a rugir; a rugir como el protagonista de su vida[94]».

¿Qué? —pregunta mientras todos le miran estupefactos—. Ahora, con la colaboración de los pilotos de margen, detectemos a los que tienen que mirarse al espejo.

La audiencia se queda callada. En la mente de todos hay más de un candidato que debe aceptar que es un tigre.

– ¡Caray, Jaume! ¡Cuánta experiencia tienes! —prorrumpe Julio espontáneamente—. Si un momentista necesita retroalimentación y apoyo de sus jefes para superar las limitaciones que lo derrotan, ¡que se le motive!

– Yo considero que si alguien no funciona hay que despedirlo —Juan Antonio vuelve a hacer alarde de su incorrecta actitud.

– ¿Qué? —grita Iñaki saltando de su asiento—. ¿Despedirlo? ¡Para nada! Coméntale, Stefan, el coste que tiene despedir a un trabajador. Todos los empleados de nuestra empresa llevan años en ella. Se ha invertido mucho tiempo en su formación, en cubrir errores de *training*, para que sean eficientes en su trabajo. No considero viable despedir a nadie, se les forma y se recuperan. ¿Por qué no podemos optar por esta acción? ¡Logremos que se autolideren! ¡Que sepan que contamos con ellos!

– ¡Aquí no se despide a nadie! —confirma el DG con voz y gesto de ira.

94 *http://i-reverencias.blogspot.com/2006_10_01_archive.html*

Jaume interviene, serena la situación con un ronco sonido de garganta.

– ¡No os dejéis abatir por la falta de soluciones! Os explico cómo lo vamos hacer —interviene nuevamente Julio—. Debemos lograr que entiendan estas ideas:

– Pedir ayuda a vuestros compañeros no es ser débil, demuestra que confías en los demás y que sabes crear un equipo.

– Pilotar sobre la realidad es imprescindible para poder tomar decisiones.

– Con una libertad sin límites la disciplina disminuye, pero con demasiada disciplina la creatividad se apaga.

– Utilizad el instrumental de vuelo. Si os ayudáis de la energía de vuestro equipo superaréis cualquier dificultad, el *aikido* utiliza un procedimiento similar para vencer al atacante. A través de este sistema controlaréis mejor el miedo.

– No aspires a la perfección, nunca mires las cosas con lupa. Si te centras en ser perfecto no verás lo que ocurre a tu alrededor y podrías convertirte en haragán, hipócrita o pasota. Si te equivocas, reconócelo y te perdonarán.

Para que tus palabras lleguen a su amígdala, acóplate a su ritmo y estilo. Si el presentista habla alzando la voz, sube tu tono; si habla o respira despacio, ralentízate; si se inclina un poco, inclínate. Sigue el compás de su baile. Inconscientemente, se sentirá más cómodo.

– ¡Superemos la ignorancia! —exclama el DG—. Tenemos que superarla. Estoy realmente sorprendido por cómo habéis convertido en nudo el problema de los momentistas. Hasta hoy, lo aceptaba y sufría como si fuera inevitable. Si conseguimos recuperar a todos los presentistas y nos mantenemos unidos, «el despegue» de la empresa será impresionante. ¡No tendremos miedo a nada!

III. Cómo deshacer nudos

Finalmente llegamos a la tercera y última parte del libro. Nuestros dos últimos diálogos versarán en torno al papel de las emociones y de la suerte. Señala Pink en *A Whole New Mind* que, como dice el chiste, «hay dos clases de personas en el mundo: aquellas que creen que todo puede dividirse en dos categorías y el resto». Los seres humanos estamos inclinados de forma natural a ver la vida en pares de contraste: este vs. oeste, lógica vs. emoción, derecha vs. izquierda... Sin embargo, en muchos terrenos no tenemos por qué escoger entre dicotomías, incluso es peligroso si lo hacemos. Esto es especialmente cierto en el caso del cerebro ya que los dos hemisferios trabajan juntos.[95] En las últimas décadas han aparecido programadores capaces de tirar líneas y líneas de código, abogados virtuosos en la redacción de contratos intrincados, MBAs que son ases con los números... Pero las llaves del reino están cambiando de mano. El futuro pertenece a un tipo de gente con una clase diferente de mente: personas capaces de sentir empatía,

95 Pink (2005:25).

reconocedores de pautas, creadores de significados... Nos movemos hacia una economía que valora cada vez más las capacidades de inventiva y empatía. Hoy en día es muy importante ver la «pintura completa». Por ejemplo, la habilidad de imaginarnos en la piel del otro, de ponernos en sus zapatos y de intuir lo que siente es extremadamente importante para gestionar el equipo humano de las empresas.[96] No obstante, durante mucho tiempo no se le ha dado importancia. Fue Daniel Goleman, hace una década, uno de los primeros en enfatizar la importancia de la habilidad de generar emociones. Sin duda, las personas tomamos las decisiones de forma emocional para, luego, justificarlas racionalmente. Incluso, recientemente *The Economist* dedicaba un dossier especial al poder de la mente.[97]

96 Pink (2005:161).

97 *The Economist*, 23 de diciembre de 2006.

6. Saber generar emociones

Las emociones como arma transparente: «la sombra de la luz»

Ya han pasado cuarenta días desde el primer encuentro, el final del entrenamiento para ser un piloto del margen está cerca.

– ¡Caray! Creía que iba a costar más que entendieran nuestra manera de gestionar una empresa, pero resulta sencillo cuando los profesionales ponen voluntad —piensa Mikaela—. Pronto tendré que marcharme a gestionar la reinvención de otra organización. No me apetece acabar esta intervención pero me emociona ver que estamos rozando el éxito. Llevo seis semanas en este estado de excitación. Es increíble el entusiasmo intelectual que hemos recibido gracias al saber hacer del DG. Ha sabido motivar a sus empleados a pesar de que los problemas para gestionar el margen derivaban de algún error organizativo. ¡Entre la vida y la no vida! El margen se obtiene o se pierde, vivirlo es cumplir el destino empresarial —continúa razonando la instructora.

Mikaela está preparando la reunión que empieza en veinte minutos.

– ¡Caramba! —exclama en voz alta sin ser consciente de que estaba sola—. Pilotar el margen es tan sencillo como usar el «test del cotilleo» que promulgaba Francis Crick[98] en una conferencia de 1997: «Suelo usar el test del cotilleo para decidir qué quiero hacer. El test del cotilleo es sencillamente que aquello acerca de lo que cotilleas más es lo que realmente te interesa». Por ejemplo, a él le interesaba: «Lo que hoy llamamos la biología molecular, o lo que yo llamo la frontera entre la vida y la no vida, el funcionamiento del cerebro». ¡Entre la vida y la no vida! ¡Ya sé! Mi mente ha rescatado esta idea del almacén de antiguas emociones, las guardo inconscientemente por si las necesito —a Mikaela le asombra su propia reflexión.

– ¡Qué! ¿Me estoy perdiendo algo? —pregunta Paula al entrar en la sala de reuniones.

En la estancia hay muestras de productos, estanterías llenas de «perfectos» envases de campañas anteriores. En un lugar preferente están los productos innovadores preparados para ser lanzados al mercado. Neveras con helados, armarios acristalados con todo tipo de chocolates, expositores con muestras de la competencia...

– ¡Mikaela! —grita Paula— ¡Qué calor! ¡Hace demasiado calor! ¡Suerte que ya es jueves! Son las 15.45 todavía faltan quince minutos para que vengan todos. Por cierto Mikaela, ¿has observado que ahora ya son muy puntuales?

98 Biólogo teórico que descifró la estructura del ADN en 1953 junto a James Watson.

– ¡Mejor aún! —responde la joven finlandesa—. Ya nadie falta a las reuniones, ¡vienen todos!

– ¡Qué calor, hace demasiado calor! —exclama de nuevo Paula con una marcada sonrisa de desprecio—. ¡Veremos qué pasa hoy! Estoy inquieta por ver cómo logramos que entiendan que sólo con emociones se consigue motivar a los demás.

– Pues, justamente estaba pensando en cómo enfocar el tema —comenta Mikaela—. El funcionamiento de la consciencia humana todavía no se comprende totalmente. El inteligente biólogo Francis Crick decía: «Todavía sé poco de cualquier cosa, así que puedo dirigirme hacia donde quiera».

– ¡Vaya! Hemos de ser perspicaces y dejar hacer —expresa la instructora de operaciones con el rostro congelado por su sensación de calor.

– ¡Por supuesto! —responde Mikaela. Lo fundamental es el cotilleo.

– ¿Qué quieres decir? —pregunta Paula.

– Ahora no puedo explicártelo, formas parte de mi plan. Serás una actriz dentro del cuadro de actores de la obra *Emociones*. La representaremos con flechazos directos al «barrio» primitivo del cerebro para llegar a su amígdala, a la sede oficial de las emociones. Como dicen Pine II y Gilmore: «El trabajo es teatro y cada empresa un escenario»[99].

99 Para un interesante paralelismo entre el mundo laboral y el teatro, véase Pine II, B. Joseph y Gilmore, James H.: *La economía de la experiencia*, Barcelona, Granica, 2000.

– ¡Qué lío os lleváis los comunicadores! —exhala Paula agotada por no lograr comprender las palabras de su compañera.

– ¡De eso nada! ¡Ya verás qué sencillo! —aclara Mikaela con voz maternal de docente improvisada—. Todas las emociones entran a nuestra mente a través de los sentidos. Las sensaciones percibidas se envían de forma instantánea a la amígdala. Nuestra amiga la amígdala es un conjunto de estructuras nerviosas que tiene forma de almendra. Sí, de almendra —repite Mikaela ante la cara de extrañeza de Paula—. Es la «almendra de las sensaciones». Sin ella, una persona se quedaría sin capacidad emocional, no percibiría emociones. Sería un ser inerte. En la amígdala se valida y ordena la información para que circule a otras partes de nuestra mente. ¡No quieras saber más por ahora!

– Entonces tengo que cuidar mi «almendra de las emociones» porque le indica a mi cerebro si lo que percibo es bueno o malo —afirma Paula.

– ¡Pues sí! ¡Es eso! —responde la investigadora nórdica.

– ¡Ni con la puerta abierta baja la temperatura de esta sala! Pongo en marcha el sistema de aire acondicionado.

Segundos después empiezan a entrar todos. Al pasar por la puerta, uno tras otro, como si se hubieran puesto de acuerdo, saludan de forma espontánea:

– ¡Hoy será un buen día!
– ¡Hola gigantes!
– ¿Pido ya permiso para preguntar? … ¿Necesito?
– ¿Os puedo decir «te quiero» a todos?

– ¡Guau! Qué buen ambiente hay hoy.

Stefan es el último en entrar. Escuchaba los saludos desde el pasillo antes de llegar a la sala.

– *Good start!* —exclama Juan Antonio sentado y atento, se abalanza sobre la mesa y lanza una mirada a Mikaela.

– En el *training* de hoy intentaremos aprender a generar emociones —dice la joven finlandesa—. Debemos saber cómo usarlas para relacionarnos, y, sobre todo, para salir airosos en los rifirrafes del pilotaje diario del margen. Os diré más, creo que incluso os será útil en vuestra actividad social y familiar, ¡ya lo veréis! ¡Esta reunión será una pura emoción! Os sugiero que apliquéis el *benchmarking*, actividad que se practica instintivamente desde hace tiempo en las empresas. Como sabéis, se fundamenta en la observación de la propia compañía y de las empresas de la competencia para que el negocio avance en el mercado. Oídos atentos y vista focalizada en cualquier novedad para incorporarla a nuestra organización mediante la habilidad y creatividad de los profesionales. Recordad la imagen de los japoneses siempre con sus cámaras. A la mayoría nos parecía ridícula pero ahora, en cambio, quién de nosotros no hace lo mismo con el vídeo digital. Es una forma natural, sencilla y racional de adaptarse a lo que requiere el mercado y los clientes —afirma la investigadora—. La innovación, la capacidad de relacionar la creatividad y el conocimiento en un diálogo interpretativo, es otra manera de posicionarse en el mercadeo. La mayoría de nosotros estamos acostumbrados al modelo analítico de resolución de problemas porque, desde siempre, nos han estimulado el desarrollo del hemisferio izquierdo de nuestro cerebro. La innovación implica un proceso interpretativo que se obtiene gracias a la perspicacia, la percepción tridimensional, el sentido artístico y la imaginación. Sólo se logra si se gestionan las buenas ideas, aprendidas colectivamente y comunicadas de forma horizontal. La innovación se centra principalmente en las personas pero también en procesos y espacios de aprendizaje que fijan los contextos apropiados para la creación de nuevas ideas y conocimiento. Tanto el *benchmarking* como la innovación pueden ayudar a vuestra empresa a obtener el objetivo margen. Os propongo una situación: tenemos una idea, ¿cómo la vendemos a nuestra gente? Si no logramos que compren, ¿qué hacemos? ¡Necesitamos que quieran nuestras sugerencias! —expresa Mikaela de forma agresiva—. ¡No debemos vendérselas! Cuando vendes tienes el riesgo de un «sí» o un «no». Si nos las compran, la respuesta siempre es «sí».

– ¡Ay mis neuronas! —exclama con cierta brusquedad Paula—. Pues nada, ¡con emociones! ¡Lancemos emociones a la «almendra de las sensaciones»!

– ¡Cuánto sabes! ¡Justo lo que esperaba oír! Aquí tenéis un ejemplo de una emoción bien administrada —responde Mikaela mirando a Paula con complicidad—. Unos minutos antes de que empezara la reunión he lanzado un *hook* a su curiosidad, directo a su amígdala. La palabra almendra ha quedado grabada en su mente, ¡Paula la ha atrapado! Para siempre relacionará la excitante amígdala con el noble fruto —afirma Mikaela—. De esto se trata, de crear una fijación o anclaje; un *hook* para los pilotos del margen. Este anzuelo se clava, se queda fijado y, si lo mueves, aún queda más anclado. No dudéis de la utilidad de la memoria oculta, del subconsciente adaptativo. Por ejemplo, yo tenía en esa «puerta cerrada», el siguiente recuerdo: Francis Crick y

James Watson descubrieron la estructura del ADN. Llegaron a la molécula de la vida, a la clave de la herencia que contiene las instrucciones necesarias para la existencia de cualquier ser vivo. Con la memoria del ADN transmitimos la herencia genética pero... ¿qué pasa con la herencia intelectual o cognitiva? ¿La podemos transmitir?

¡No! Es un valor fungible que cada individuo se crea para sí mismo. Lamentablemente no se puede transmitir, desaparece con el último suspiro. Por ahora, el «valor emoción» no se puede heredar, sólo vale para una vida —asegura Mikaela con tristeza—. Por ello, los pilotos del margen debemos saber crear emociones y formar a los profesionales para que las gestionen y generen conocimiento. Hemos de idear una métrica que documente las emociones, ¡transmitiremos parte de nuestra inteligencia! Sigamos la luz de las emociones, convirtámonos en la sombra de nuestro equipo. Empecemos a pilotar «la sombra de la luz».

Todos se levantan y lanzan un «¡increíble!» directo a los ojos de Mikaela. Su amígdala lo recibe con placer profesional.

– Debemos saber cómo funciona la mente —prosigue la instructora—. Para ello, es necesario tener conocimientos neurológicos y entender cómo funcionan las distintas partes del cerebro. No soy la persona más indicada para documentaros. Os sugiero que pasemos a lo práctico, a conocer los efectos que producen las emociones en nuestra mente y en la del otro. ¿Qué ocurre cuando se reciben?

Como comunicadora he desarrollado unas normas muy sencillas para lograr el «valor emoción». Valorarlas antes de aplicarlas, podéis ampliarlas y corregirlas. Tengo en cuenta cómo actúa el cerebro: agradece que la información recibida esté «medio cruda». Cuando lanzamos una emoción tenemos que estimular el cerebro del sujeto oyente, su mente ha de trabajar por sí misma. Nunca enviéis paquetes cerrados y rubricados. El receptor ha de poder asimilar y ampliar nuestro mensaje. Es fundamental que el sujeto oyente tenga la oportunidad de poder perfeccionar los datos para cocinarlos según su método de procesar. Al lanzar una información con «valor emoción» debemos plantearnos la siguiente pregunta: ¿qué reacción generará?

Los artistas son comunicadores de emociones y se formulan esta cuestión cuando alguien observa su obra. En una biografía de Kandinsky podemos leer: «Partimos de la idea de que el artista, aparte de las impresiones que obtiene del mundo exterior, de la naturaleza, recoge continuamente vivencias en un mundo interior; y la búsqueda de formas artísticas, que debe expresar la compenetración de todas estas vivencias; en resumen, aspirar a conseguir una síntesis artística»[100] —declama Mikaela—. La creación de una obra de arte y la asimilación de una emoción conllevan procesos similares. Tanto el artista como el receptor de un impacto emocional están influenciados por: lo que se quiere expresar, el entorno y la información guardada en el subconsciente adaptativo. Tres variables que se combinan en diferentes proporciones según el caso, generando diversos resultados finales.

Antes de lanzar una emoción debemos analizar qué potencial tiene el individuo que la recibirá. ¿Atenderá a nuestro estímulo? ¿Se creará una falsa idea del asunto?

---

100 Acosta, Mª del Rosario: *Wassily Kandinsky. Creador de mundos*, Bogotá, Panamericana Editorial, 2006.

– Entonces la creatividad y la generación de emociones son muy similares —interrumpe Stefan.

– Pues sí —interviene Jaume como veterano en el mundo del mercadeo.

El responsable de ventas empieza a ser consciente de la importancia de las emociones en el trato con sus clientes.

– Cada comercial —continúa Jaume— está actuando como mejor sabe pero no hay un procedimiento para todos. Hasta ahora bastaba con lanzar a los vendedores a por los clientes y esperar a que alcanzasen los objetivos pero las cosas han cambiado. ¡No se puede perder ni un cliente! Hay que luchar para captar los clientes potenciales «aparcados por difíciles». Si supiéramos captar sus sensaciones contrarrestaríamos las situaciones adversas con argumentos convincentes. Es un tema realmente interesante, tengo que transmitírselo a mi equipo.

Respecto al objetivo final de las emociones y de las obras de arte, es similar pero existe una gran diferencia. Lo ejemplificaré mediante las formas de pilotar un automóvil: con cambio automático o manual. Una creación artística finalizada equivale a conducir en automático, no podemos improvisar. Al pilotar una emoción conduces con un cambio manual, varías tus reacciones. Debes estar muy pendiente y cambiar de marcha ante las dificultades que surjan.

– ¡Ojalá fuese tan sencillo como conducir! —exclama Juan Antonio—. Con lo complicado que se presenta este tema de las emociones.

– ¡Juan Antonio! —salta Paula enfadada—. Te puedo asegurar que en muchas ocasiones los consultores pretenden hacerse valer más complicando la explicación de soluciones, pero para los pilotos del margen hacer difícil lo fácil es intoxicar. Hasta el famoso gurú del pensamiento creativo, Edward de Bono, piensa así:

> «Hay gente que se niega a creer que el camino óptimo para resolver sus problemas es el que tienen delante de sus narices, posiblemente porque esto demostraría su falta de sentido común. [...] En el ambiente empresarial es común encontrar especialistas, consultores y profesionales que en su afán de mostrar sus conocimientos o brindar consejos, explican todo por medio de términos complejos, diagramas inverosímiles y vagos conceptos. [...] Las personas tienen una necesidad imperiosa de complicar las cosas simples en su afán de justificar una decisión equivocada. Las mentes mediocres le tienen miedo a la simplicidad[101]».

– ¡Acaso no es obvio! —interviene Mireia—. ¿Puedo colaborar? —Paula acepta su ayuda mediante un movimiento de cabeza—. Necesito que Jaume tenga la mejor fuerza de ventas, la más versátil posible. Sus comerciales han de ser como jugadores de ajedrez, analíticos en todas sus intervenciones. Han de pensar varias veces qué dirán al cliente y reflexionar sobre lo expuesto. En ocasiones, al rebobinar dos frases se precisa el matiz adecuado y se coge impulso para contrarrestar una posible situación no deseada. Deben generar nuevas emociones que permitan la consecución del objetivo margen. Siempre tienen que mantener una conversación interesante con el sujeto oyente, es decir, su mensaje ha de ser inteligente porque el receptor lo aprecia. La información transmitida será un continuo bombardeo de emociones en forma de *hooks* —la investigadora ha leído el pensamiento a Jaume.

---

101 *http://www.edwdebono.com*

– Sí —afirma el director comercial—, sé que tengo que prepararme y que formar a mi equipo, estoy predispuesto a ello. No me asustan las situaciones difíciles, son un reto del que siempre se aprende. Me interesa estar pendiente de los detalles, me sumergiré en el tema de las emociones. Es el eterno aprendizaje, cada año cosas nuevas. Me gusta luchar y trabajar con personas que, cuando creen en algo, ponen toda su energía en conseguirlo. No nos irá mal pilotar el margen pero puede ser peligroso sin tener la «licencia de vuelo» en el bolsillo. Aprovecho para agradeceros: Mikaela, Julio, Paula y, sobre todo a ti, Mireia; la paciencia que estáis teniendo con nosotros...

– ¡Caray! —dice Iñaki—. Esto sí que es lanzar una potente emoción a su amígdala, ¡un buen golpe al sistema cognitivo! —exclama el director de marketing, que había permanecido durante toda la exposición muy atento al *training*.

– ¡Tienes toda la razón! —interviene Stefan—. Para cumplir el presupuesto anual de mi empresa tengo que lograr que los empleados acepten su rol profesional motivando la actitud pro margen y promocionando sus aptitudes. Para ejercer el *management* sin complejos he de superar a los que creen saberlo todo porque se guían por el «superego». Aunque en algunas ocasiones tengan razón, están equivocados en la forma de hacerse valer ante los demás.

Primer vuelo de prácticas

– ¡Queridos colegas! —expresa Mikaela con una amplia y sincera sonrisa—. Ahora toca disparar preguntas. Si os parece, empiezo...

– ¡Alto, Mikaela! —le interrumpe Juan Antonio—. ¿De qué va esto? ¿Quién enseña a quién? O, mejor aún… ¿quién cobra por instruir? Es evidente que vosotros, los pilotos del margen.

– Mira que está resultando difícil que inicies tu primer vuelo de prácticas —contesta la investigadora nórdica con una sonrisa algo forzada.

– ¡Hombre! Si se trata de eso... Puedes empezar conmigo, ¡estoy preparado! —exclama Juan Antonio con chulería sin ser consciente de que su rostro expresa miedo.

– ¿Podemos tener un descanso antes de empezar el fuego cruzado? —pregunta oportunamente Mireia.

Todos, excepto Juan Antonio y Mikaela, se levantan y salen de la sala. Por no perder el mal hábito, Iñaki necesita fumar el Marlboro de las cinco. Al director de operaciones no le da tiempo a irse, la joven instructora le pregunta:

– ¿Conoces el juego de adivinar: qué anda como un tigre, tiene el cuerpo con rayas como un tigre, ruge como un tigre y vive en la India como los tigres de Bengala? —Juan Antonio se queda estupefacto—. Ahora te explico —saca de su bolsillo un pequeño papel doblado con pliegues longitudinales y se lo da—. Para que vayas pensando, es un escueto *check list.* Me gustaría que reflexionaras sobre qué tipo de personaje describe. Juan Antonio, como responsable de logística, seguro que identificas a unos cuantos «tigres» con estas características. Por favor, analízalo y luego lo comentamos. ¡Verás qué gran favor nos puedes hacer a todos! —Mikaela lo deja solo en la sala.

El director de operaciones se funde en su asiento y, con discreción, empieza a desplegar el papelito como quien estira un acordeón y va leyendo línea a línea. En la séptima se detiene, muy serio y pensativo decide guardarlo:

El cuento de las «Dos veces siete rayas de un tigre»	
	¿Conoces a alguien:
1	egocéntrico?
2	impulsivo, que improvise?
3	irresponsable ante sus objetivos?
4	con emociones superficiales detectables?
5	que no siente empatía con su entorno?
6	sin sentido de culpabilidad?
7	que no tiene remordimientos ante situaciones duras?
¡CUIDADO!	SIETE RAYAS NEGRAS

Juan Antonio aún no conoce las siete últimas frases del papelito. Discute consigo mismo, pero decide acabar de leer el resto del mensaje.

	¿Conoces a alguien:
8	que miente compulsivamente?
9	que manipula a las personas gracias a su elevada inteligencia?
10	que desestima las emociones ajenas?
11	que busca su propia satisfacción?

Tras estas cuatro líneas su cara expresa una profunda tristeza. No puede resistirse, mira el resto del mensaje.

12	que rompe sistemáticamente las normas y expectativas empresariales?
13	que conoce y entiende las normas organizativas pero no las respeta?
14	que distingue perfectamente lo que está bien y lo que está mal?
¡PELIGRO!	SIETE RAYAS AMARILLAS
7+7	Si los demás perciben de ti estas condiciones ¡preocúpate! Las primeras siete rayas negras definen a un «tigre solitario» y las siguientes caracterizan a un «animal peligroso».

– ¿Yo tengo este comportamiento? —se cuestiona Juan Antonio—. ¿Esta actitud perciben de mí? ¡Yo no soy así! ¡Debo ayudar a Mikaela! Necesita que colabore con el juego de las preguntas cruzadas. ¡Por supuesto! ¡Aquí me tienes! —se anima a sí mismo.

Sonríe plácidamente cuando empiezan a entrar sus compañeros para reiniciar la reunión.

– ¡Hola a todos! —saluda Juan Antonio—. Por favor Mikaela, ¿empezamos? ¿Quién empieza?

– Dispara tú primero Iñaki, por favor. Te ruego que dirijas los disparos.

El director de marketing acepta la invitación:

– ¿Listos mis queridos «mastercitos»?[102] Para Paula: ¿qué significa prever el mercado de 2010?

102 Diminutivo cariñoso utilizado para dirigirse a personas tituladas con un master.

– ¡Ajá! —responde la formadora—. Trabajar para contrarrestar los efectos de la globalización, ya que es una realidad en todo el mundo empresarial.

– Tú, Jaume: ¿sobre el «empoderamiento»[103] qué opinas?

– Es dar poder, redistribuirlo entre todos los que tienen que generar las aportaciones necesarias para lograr el objetivo margen. Los jefes deben otorgarlo a los profesionales que lo requieran para el cometido de sus funciones. No tan sólo se trata de «endosar» poder a otros, hay que hacerlo de forma motivadora, transmitiendo emociones con los nuevos asuntos y responsabilidades. Es difícil, pero imprescindible.

– Para ti, Julio, que estás muy poco conversador —prosigue Iñaki—. ¿Qué me dices sobre las medidas para retener a los empleados cualificados?

– Pues... hay que deconstruir, sí ¡deconstruir! ... desmontar por partes. En ocasiones, hay que desaprender conceptos arraigados en la organización para poder proyectar nuevos paradigmas. Debemos ofrecer condiciones laborales flexibles y, por supuesto, incorporar el teletrabajo. Permitir la conciliación familia-empleo es necesario para el *management* actual. ¡Evolucionemos sin demora hacia la integración de la mujer en todos los niveles de gestión! También tenemos que potenciar la energía psíquica del equipo y no creer en los microtalentos, cada día han de retroalimentarse unos de otros. El *feedback* debe ser diario.

---

103 Término que emplea Ken Blanchard al explicar cómo delegar el poder en su obra *El autoliderazgo y el ejecutivo al minuto*.

– ¡Tú, Mikaela! —dice Iñaki—. Para ti esta pregunta: si de lo que se trata es de lanzar emociones, ¿cómo sabemos que el individuo al que nos dirigimos está receptivo?

– En 1575 ya se sabía qué predisposición se podía esperar del otro en función de su temperamento. Este tema se denominaba «teoría de los humores» y está recogido en la obra *Examen de ingenios* de Huarte de San Juan, uno de los padres de la futura ciencia psicológica. Este autor describe los cuatro contrarios que forman el mundo: caliente, seco, frío y húmedo. Éstos se combinan en el hombre y crean los diversos humores: la sangre es caliente y húmeda, la bilis también es caliente pero es seca, la flema es fría y húmeda y la melancolía es fría pero seca. La proporción con que se combinan los humores aporta a cada individuo un determinado temperamento. Los hombres sanguíneos sueñan cosas agradables y se irritan fácilmente; los coléricos o biliosos tiene arrebatos y sueñan con peligros; los flemáticos aprenden lentamente y duermen demasiado; los melancólicos tienen opiniones intransigentes y pesadillas. El mejor temperamento era el sanguíneo y el peor el flemático. Actualmente, quizá valoremos de forma negativa la melancolía porque la vinculamos con la depresión.

La exposición cultural de Mikaela deja a todos sorprendidos.

– Tras analizar el temperamento de vuestro sujeto oyente debéis conseguir que esté receptivo —prosigue la aplicada instructora dispuesta a disertar en un disciplinado y metódico orden nórdico—. Hemos de saber qué queremos transmitir y aplicar estas indicaciones de Leopoldo Fernández Pujals, fundador de la mayor cadena de *pizzas* de España:

> «Enseguida me di cuenta de que para vender tienes que estar convencido. Vender es conseguir que el otro compre. Y cuando yo he estado enseñando a vender les decía a todos que para perder la presión tienes que pensar que vienes a ayudar. Piensa que eres Papá Noel y que tu producto está lleno de beneficios. Y tienes que preguntarle al posible comprador: ¿Pero a ti qué te gusta, tú qué quieres?, como le preguntarías a un niño. Y entonces el señor te va contando lo que desea. Y cuando ya tienes todos esos deseos en tu mano, entonces le dices: Si yo te consigo todo lo que pides, ¿estarías interesado en el producto? Y ya está, una vez que te ha dicho que sí es cuando tienes que sacar el producto.
>
> – Como un prestidigitador.
>
> – Es que muchos cuando van a vender lo primero que sacan es el producto, y no, es justo al revés, el producto es lo último que se saca, y me refiero al producto que sea, puede ser una idea[104]».

Y ya está, por arte de magia se vende y se sabe lo que piensa el sujeto oyente —sigue diciendo Mikaela—. Las emociones deben anticipar lo que el otro necesita, quiere o desea. Predecir sus reacciones es básico, hay que estar preparado para todo tipo de situaciones.

– ¡Gracias Mikaela! —exclama Iñaki—. Mireia, ¿qué me puedes decir sobre la comunicación a todos los niveles y direcciones?

---

104 Entrevista de Rosa Montero a Leopoldo Fernández Pujals.

– Para mí, es ampliar el concepto CRM para que acoja a colaboradores, proveedores y hasta a los propios empleados, hasta ahora se ha aplicado sólo a clientes. Crear comunicación, ¡no incomunicación! En la transmisión de los mensajes no basta con que se entiendan, deben presentarse como una historia para poder asimilarse. Sí, como se cuentan las historias, con la presentación, el nudo y el desenlace final. Al igual que en los cuentos, nuestros mensajes han de ser sencillos y directos para hacernos reflexionar. Al lanzar con precisión una historia despertamos en la consciencia de nuestro sujeto oyente el interés sobre ese asunto. El propio Pink, *speech writer* del vicepresidente Al Gore durante los dos mandatos de Clinton en la Casa Blanca, señala que la capacidad de contar historias es una de las seis habilidades humanas fundamentales que marcan el mundo del trabajo del siglo XXI —prosigue Mireia—. Maria-Therese Hoppe en 1999 ya se refería a esta nueva situación comunicativa: «La empresa del futuro tendrá que comunicar historias de amor, amistad, aventura para poder vender sus productos [...] La empresa que sea propietaria de un sueño y no lo sepa comunicar estará fuera del mercado [...] El sueño debe ser compartido por la dirección [...] Hay que creer en él, toda la empresa debe creer en él».

– *Company*! —Iñaki se dirige a Stefan—. ¿Qué hay que construir? O, ¡mejor dicho!: ¿qué hay que re-construir?

– ¿Una nueva moral de empresa? —plantea Stefan—. Por el bien de todos, debemos reinventar la misión y, por supuesto, flexibilizar los objetivos. ¡Flexibilizar no quiere decir reducir! Flexibilizar es hacerlos realistas ante las posibilidades y recursos disponibles en la compañía en cada fase de su actividad.

– Y... otra vez para ti Stefan: ¿qué significa tener que aprender a vivir en versión siglo XXI?

– Mira, Iñaki —responde muy rápido el *controller*, que está un poco molesto porque no esperaba que le volviera a preguntar—, vivir en el siglo XXI es tener un plan contra el miedo, una estrategia legítima que debe beneficiar a toda la organización. La serenidad en la toma y ejecución de decisiones es imprescindible; hemos de ser estoicos, fuertes y ecuánimes frente a la desgracia. Simplifiquemos la definición de funciones y objetivos. ¡Serenidad y simplicidad!

– ¡Paula! —exclama Iñaki—. Sobre ser libre, no atarse a nada que sea un problema, ¿qué me explicas?

– Como dice Bob Dylan: «Nadie es libre. Hasta los pájaros están encadenados al cielo». Sólo sentiremos serenidad si solucionamos los problemas que surgen con los compañeros, con los clientes, con los colaboradores externos... Hemos de lograr que la actividad que desarrollamos en el presente tenga validez para el futuro. Has de quererte y mostrar afecto a los trabajadores con quienes compartes el día a día, con quienes te ha tocado convivir.

– Gracias —dice Iñaki antes de plantear una nueva pregunta—. Sobre cómo contar historias, sí, lo de saber...

– ¿Saber generar emociones? —se anticipa Julio—. El *management* debe ser un narrador de cuentos y, si son infantiles, más audiencia. Ha de detectar al individuo que va de esnob o sabelotodo aunque pretenda constantemente mostrarse mejor de lo que realmente es, carece del «valor humildad». Un buen profesional tiene que escuchar, pensar y responder y, si no sabe algo, utilizar la palabra aliada: «necesito...».

– En nuestro papel de *management* —expresa Iñaki— debemos primar a todos aquellos que participen en la competición del «yo necesito...».

– ¡Con emociones lograremos todo lo que nos propongamos! —interviene Mikaela mirando a Juan Antonio.

– Oye, ¿no me pregunta Iñaki sobre el papelito de los tigres?

– Es para ti —contesta Mikaela en voz baja—. Es un test de psicopatía que recoge una actitud que impide trabajar en equipo y que supera con creces la de los *happy losers* y momentistas. Las personas con ese comportamiento requieren ayuda y ellas mismas se tienen que dar cuenta de ello. Por suerte, en vuestra empresa no he percibido a nadie con este perfil. Cuando conozco a algún profesional que podría desarrollar alguna de esas características, le doy el papelito. Y, hasta ahora, en ningún caso la cosa ha ido a más. Bueno, en una ocasión el afectado se fue de la empresa por no complicarse la vida. Juan Antonio, si quieres saber más del tema, lee *Psicópata* de Carles Quílez[105]. Las características que recoge el papelito las he extraído de una conferencia del doctor Robert D. Hare[106] —Mikaela le pasa disimuladamente un folio con un fragmento del discurso de dicha conferencia.

> El desorden de la personalidad se define por un cúmulo de características afectivas, interpersonales y conductuales que

105 Quílez, Carles: *Psicópata*, Barcelona, Alhena Media, 2004.

106 Doctor Robert D. Hare; Conferencia «Psicopatía y violencia», Barcelona, 21 de enero de 2004, citada en Quílez (2004).

incluyen egocentrismo, impulsividad, irresponsabilidad, emociones superficiales, falta de empatía, de sentido de culpabilidad y de remordimientos. Los profesionales que tienen esta actitud, además, mienten compulsivamente, manipulan a las personas gracias a su elevada inteligencia y rompen sistemáticamente las normas y expectativas socio-empresariales. Este profesional no es capaz de entender las emociones ajenas. Busca su propia satisfacción, y aunque distingue perfectamente lo que está bien de lo que está mal, llega a entender las normas sociales pero no entiende que tenga que respetarlas. Es un depredador que encandila, manipula y se abre camino en la vida sin piedad, dejando una larga estela de personas heridas, expectativas arruinadas y billeteras vacías. Toma lo que le apetece de la forma que le viene en gana. Sus efectos llegan a ser devastadores.

– ¡Qué suerte he tenido de poder corregir mi conducta ayudado por los pilotos del margen! —exclama Juan Antonio de forma inesperada—. ¡Ha sido un aterrizaje de emergencia en un buen momento!

Saca el papel, nadie ha visto que lo tenía. Lo rompe y afirma:

– ¡Lo esencial es el equipo! Necesito estar en el equipo.

Todos le responden como una sola voz:

– ¡Tú y tu área de operaciones sois nuestra pista de aterrizaje! ¡Eres imprescindible para el equipo!

– ¡Ah, que alegría! —salta Mikaela dirigiéndose a todos—. Generar emociones es una cuestión en la que intervienen varios factores. Lo que queremos comunicar es el «regalo secreto» que deseamos que nos acepte el receptor de la emoción.

Primero lo colocamos dentro de una caja, su tamaño ha de ser el adecuado para despertar el interés sin sorprender. El envoltorio ha de satisfacer, lo decoramos con una historia que predisponga a querer saber su final. Para acabar, le pedimos al sujeto oyente que abra el regalo y que escoja de la caja sólo lo que quiera para él. Para generar emociones no hay un método específico o, por lo menos, los pilotos del margen no nos atrevemos a darlo. Ser prudentes, llevar el ingenio al límite y practicar para tener el mayor número de horas de vuelo.

Generar emociones es como dar una conferencia —explica la formadora—, para que tenga vida el contenido, el mensaje no puede leerse. Hay que narrarlo directamente a los oyentes, ¡sin leerlo! Incluso Fernando Savater no aguanta una conferencia leída, considera que los discursos «se hablan, se improvisan, se inventan a partir de unas cuantas notas o de memoria, pero nunca deben leerse [...] Llegar a una sala de conferencias y leer veinte folios es algo tan superfluamente descortés como si Pavarotti ante una audiencia pusiera un disco con el pretexto de que la grabación del estudio resulta más perfecta». Pilotar el margen es impartir emociones de forma continua y en todas las direcciones. Es dar una charla y estar mirando a los ojos de todos los asistentes mientras transmites: ¡gracias por escucharme!, ¡gracias por querer saber lo que yo sé! El público ha de sentir que responde a la insinuación de os necesito. ¡Emociónate para emocionar a los demás! El sujeto oyente lo aprecia, le predispone a aceptarte. ¡Así pilotarás el margen! Con buenas ideas aplicadas por buenos profesionales. ¡El margen permite vivir mejor! Todos deseamos recibir propuestas innovadoras para que los negocios generen beneficios. *To think outside the box* es la forma de analizar las ideas para poder ordenarlas y ejecutarlas correctamente. Ayudaros de la neuroeconomía.

Con estas palabras Mikaela cierra la sesión, ha introducido un concepto nuevo y espera que todos indaguen un poco en él.

Todo lo que realiza un hombre pude ser superado por otro, así surge el reto de la neuroeconomía.[107] Esta nueva ciencia observa y verifica las posibilidades de la mente humana cuando actúa en beneficio propio ante una decisión cognitiva que afecta, de forma positiva o negativa, a la consecución de una meta. La neuroeconomía combina neurociencia, economía y psicología con el fin de estudiar el proceso de elección de los individuos. Esta disciplina analiza el funcionamiento del cerebro cuando los individuos interactúan entre ellos, evalúan decisiones o categorizan riesgos y recompensas. Se centra en las elecciones personales y en los cambios mentales que están relacionados con dichas elecciones, incluso, estudia aquellos cambios que pueden provocarlas.

Los pilotos del margen, siempre que es posible, retornamos al origen de los conceptos antes de asumirlos en nuestras aplicaciones. Desaprendemos ante las propuestas novedosas para conocer en profundidad su origen. A continuación, de forma muy simple —basándonos en Wikipedia—, se definen las tres ciencias que están en la base de la neuroeconomía: las neurociencias, la economía y la psicología:

> La **neurociencia** estudia el sistema nervioso. Es un área multidisciplinar que investiga a muchos niveles el cerebro. El nivel

107 Para profundizar en esta nueva disciplina véase Glimcher, P.W.: *Decisions, Uncertainty and the Brain,* Cambridge, MIT Press, 2003.

más alto de estudio es el celular, es decir, el de las neuronas individuales. En él se crea la neurociencia cognitiva, disciplina que proporciona una nueva manera de entender el cerebro y la conciencia.

La **economía** es una ciencia social que estudia los procesos de producción, intercambio, distribución y consumo de bienes o servicios. La ciencia económica analiza el comportamiento humano como una relación entre fines dados y medios escasos que tienen usos alternativos. Su objeto de estudio es la actividad humana. Es una ciencia justificada por el deseo humano de satisfacer los propios fines. La materia prima de los economistas es el conjunto de recursos escasos que pueden satisfacer usos alternativos. Al decidir qué recurso se asigna a la producción de un bien o servicio determinado, se está asumiendo el coste de no poderlo usar para la producción de otros bienes o servicios. El coste de oportunidad designa el coste de la inversión de los recursos disponibles, a costa del valor de la mejor opción no realizada.

La **psicología** es una disciplina que literalmente significa *ciencia del alma* pero que actualmente estudia el comportamiento de los organismos individuales en interacción con su ambiente, es decir, se encarga de los procesos afectivos e intelectuales subjetivos. El sistema psíquico es un conjunto de mecanismos funcionales y estructuras.

Realizamos este desaprendizaje virtual porque la neuroeconomía equivale a ponerse un traje nuevo ante los demás. Hemos de utilizar al máximo nuestras posibilidades cognitivas para la toma de decisiones porque, aunque disponemos de pocos datos, debemos reaccionar rápidamente; eso sí, sin alterar el orden del colectivo empresarial. Se trata de ayudarse de las disciplinas que componen la neuroeconomía y del universo que surge con ella. Esta ciencia plantea las decisiones basándose en el conocimiento y en el uso de información que almacenamos en las distintas partes del cerebro. El inconsciente adaptativo guarda todo lo que capta nuestro sistema emocional ya que el cerebro almacena datos de forma consciente e inconsciente, depende de nosotros el querer mantenerlos u olvidarlos. Tenemos que aprender a recuperarlos de nuestro almacén de la memoria, ¡abramos esa puerta cerrada! Las grandes ideas suelen ser fruto de reflexiones y decisiones impulsadas por el conocimiento que guardamos en el inconsciente. Gracias a las recientes herramientas que permiten conocer las emociones humanas se crean pensamientos laterales que conllevan a la aparición de innovadoras propuestas. Pero, para ser ingenioso, se debe tener la capacidad de asimilar la información. Los profesionales han de ser conscientes de lo que saben para trabajar con datos sencillos y visuales. Como explica el periodista Malcom Gladwell en su obra *La inteligencia intuitiva*[108]:

cuando pensamos sin pensar, tomamos las decisiones en segundos
las mejores decisiones suelen ser las más difíciles de explicar
quienes son buenos tomando decisiones no son aquellos que procesan más información o que dedican más tiempo a deliberar, sino aquellos que han perfeccionado el arte de hilar fino, de extraer los pocos factores que realmente importan a partir de una cantidad desmesurada de variables
la prisa no es mala consejera porque, en ocasiones, sobre todo en situaciones de estrés, los juicios instantáneos y las primeras impresiones constituyen medios mucho mejores de comprender el mundo

La transmisión de conocimiento es una necesidad vital, tanto para las empresas como para la sociedad. Por esta

108 Gladwell, Malcom: *La inteligencia intuitiva,* Madrid, Taurus, 2005.

predisposición, el cerebro humano inicia un reordenamiento de los datos para poder ofrecerlos cuando el individuo necesite ser un sujeto comunicador. La información aflorará para un fin determinado. En las negociaciones *face to face,* al igual que en las recomendaciones de padres a hijos, es fundamental captar en qué situación cognitiva se encuentra el sujeto oyente y la predisposición de su inconsciente adaptativo para asegurarnos que entiende lo que intentamos transmitir y que acepta nuestro mensaje. Muchas veces, quien te acepta o rechaza es la mente del oponente. Si queremos encontrar buenas ideas hemos de estimular nuestra capacidad mental para obtener respuestas con pocos datos, hemos de convertir nuestro cerebro en una plataforma inteligente similar al .

Nada cambia si las cosas se observan siempre desde el mismo ángulo. El hombre evoluciona y acumula cada vez más conocimiento. También el entorno cambia a gran velocidad. Por ello, es imprescindible la rapidez de respuesta en la toma de decisiones. La situación en los mercados, en las empresas y en la sociedad ha cambiado. Ya lo dice Cesc Elias i Miralles, empresario emprendedor y con ideas avanzadas: «Hay que provocar las situaciones para hacerlas nuestras». Su emblemática empresa de tradición familiar es un caso ejemplar de adaptación a la demanda del mercado:

CASO II

Esta compañía pertenece al sector de los bienes de equipo, se dedica a los sistemas para el trasiego de líquidos dirigidos a la industria y al hogar. Desde su inicio empresarial, la trayectoria de su empresa se ha basado en la innovación porque la competencia en este tipo de servicio es elevadísima, participan en una carrera desde hace más de 50 años y han de luchar por ser los más competitivos. Muchos competidores se han quedado en el camino, incluso alguno ha sido absorbido con su corporación. Hoy, la batalla la tiene ganada ya que ha trabajado los dos flancos de la competitividad. Ante la deslocalización de empresas y el cambio de flujos de mercado, él ha abierto nuevas posibilidades comerciales en los nuevos destinos. Se instala donde sus clientes van. Para paliar el efecto globalización en los suministros de materias primas él ha buscado proveedores cuyos precios son iguales a los que pueden tener sus competidores más próximos. Se planteó a sí mismo en el momento preciso la pregunta: ¿qué necesito? Su inteligencia adaptativa le sorprendió con esta respuesta: «Cesc, para luchar contra la deslocalización, ¡deslocalízate! Para combatir la globalización, ¡globalízate!».

Como dice un personaje del *Señor de los Anillos*: «No hay que luchar donde se pueda ganar. Sólo hay que luchar donde se deba luchar».

Como habéis comprobado con este ejemplo, no se inventa nada que no sea necesario. Todo está en nuestro potencial mental, sólo se trata de saber extraerlo.

Pensar neuroeconómicamente… ¡mucho concepto para una sola mente! Sin embargo, lo hacemos cada día numerosas veces. Solucionar los problemas transformándolos en nudos es una habilidad que debemos ejercitar para salir airosos en nuestro pilotaje. Si lo conseguimos, significa que ya estamos aplicando la neuroeconomía.

Para que el individuo tome decisiones necesita datos que lo guíen. Por puro instinto de conservación, toda decisión nos conduce a una estabilidad emocional positiva. Éste es el objetivo de la neuroeconomía: facilitar la gestión en la toma de decisiones.

Si una empresa quiere progresar debe tomar decisiones rápidas, gestionar proyectos originales y utilizar las «neuronas» y el conocimiento de los empleados que la integran. Pilotar el margen a través de los principios de la neuroeconomía, es decir, aprovechando al máximo el talento de los profesionales de la compañía, es una actividad imparable una vez iniciada.

Con estas matizaciones daremos por acabado el tema de «cómo generar emociones», ya que las neurociencias, con la ayuda de la psicología, pueden incidir en la economía.

7. *Match point*: no lo dejes todo en manos de la suerte

La suerte para el contrario

La formación ya está en la recta final y el DG espera expectante la próxima cita.

– Mañana tendré que estar en la última reunión de los pilotos del margen —piensa el DG cuando se levanta a tomar un vaso de agua a las dos de la madrugada.

La noche anterior había cenado con los socios más importantes de la empresa, tras asistir a una reunión para analizar los resultados obtenidos en los últimos meses. Fue una reunión informal, amigable, casi paternalista. No obstante, la tensión interna que padeció el DG fue intensa porque nunca puedes saber exactamente qué piensan los socios. Puedes prever el debate sobre lo que tú has comunicado, pero desconoces la información que han recibido por otros conductos. Además, no sabes si ellos han realizado otras actividades o han planificado nuevas estrategias. Es el riesgo de mandar en una empresa sin ser el dueño. En ocasiones, todo puede cambiar sin poder hacer nada por evitarlo. Sólo puedes poner tu capacidad profesional y tus valores personales a disposición de los que mandan y deciden sobre sus activos mercantiles.

– Me molesta el estómago —sigue pensando el DG—, es como un hormigueo que me crea inquietud. ¿Hay algo que no me siente bien? Tengo que descubrir qué es. No puede ser el café porque ya no bebo, alcohol tomo lo justo para quedar bien, ¿será el postre? Tengo que ir a hacerme un análisis para ver si sufro alergia alimentaria de alguno de los alimentos que tomo. Cada vez como menos cosas pero con más frecuencia y es posible que esto me esté causando alguna intolerancia, mi cuerpo se revela y si me quita la salud nunca más volveré a ser libre. La verdad es que empiezo a estar cansado. ¡Ay...! Si estos pilotos del margen son capaces de ordenar las ideas de todos y de desenmascarar las actitudes que provocan que estemos en el filo de la navaja: a veces vamos bien, otras veces mal. Estas cuestiones crispan mi estado de ánimo —razona en alto mientras se toma un vaso de agua al que ha añadido una pastilla efervescente de paracetamol para relajar un poco la cabeza—. La salud social o de equipo requiere tiempo y tratamiento. Por cierto, cada vez tengo con más frecuencia trastornos digestivos, dolores articulares, irritabilidad y, como hoy, insomnio. Suelo despertarme a media noche y pienso en lo que tengo pendiente por hacer. No puedo seguir a este ritmo, si no logro descansar me va a ser difícil estar cada día en el primer lugar de la parrilla de salida, ¡tengo que ser el primero! Ahora no puedo dejar mi sitio a otro. Desde que he leído ese libro que cayó en mis manos sobre alergias alimentarias de la Dra. Aguilera[109] me planteo saber más de este tema. Me ha explicado mi colega de la agencia que nos lleva la publicidad que, después de muchos años, resulta que es alérgico a la lactosa y a los cereales y no lo sabía. ¡Qué cambio ha hecho! ¡Qué envidia me da cuando le veo! Su vida ha cambiado y está más relajado. Además, ha perdido los kilos que le sobraban y dice que, como mucho, lo único que hace es no repetir el tipo de alimento en menos de cuatro días. No sé, tengo que ponerme «en solfa» antes de que yo mismo crea que estoy mal. ¡Estoy bien! ¡Soy el mejor! —exclama en voz alta tapándose la boca de forma infantil al darse cuenta de que hablaba solo.

Mañana nuestro responsable DG tiene que puntualizar a su gente, con la ayuda de los instructores, todo lo necesario para la consecución del objetivo margen ya que no quiere que las cosas vuelvan a ser como antes. El tema a tratar es: no confiar en la suerte. El DG mentalmente simula lo que le dirá a cada uno de los miembros de su equipo para asegurarse de que saben desarrollar el proceso de pilotar el margen en cada una de sus áreas. Para ser un buen piloto del margen lo más importante es la actitud, no es suficiente con memorizar instrucciones de un recetario para hacer funcionar sus áreas ejecutivas. Alcanzar los objetivos considerados definitivos en la estrategia de empresa implica lograr el «valor negocio».

El DG entra en el deseado efecto del analgésico y casi dormido, regresa a su dormitorio. ¡Mañana será otro día!

109 Aguilera Franco, María: *Alergias alimentarias, introducción a su estudio,* Barcelona, Laboratorios Lacer, 1993.

Negociaciones *face to face* basadas en el inconsciente adaptativo

– ¡Un largo café muy caliente! ¡El segundo del día! —exclama el DG al entrar en la sala.

Es la sala principal de reuniones, en ella se han firmado todos los acuerdos importantes de la empresa. Están todos, los investigadores y los directivos de la compañía, el ambiente es distendido. Se han colocado en dos grupos, unos enfrente de otros, a ambos lados de la larga mesa. El DG tiene su día de gloria. Es el momento de que sus empleados descubran lo que sabe y se gane aún más su confianza porque sólo con respeto y autoridad no se da paso a ¡necesito…! ante las circunstancias que requieren su intervención.

– ¿Cuál es la mejor pregunta? —plantea el DG con sonrisa desdeñosa porque sabe que coge a todos desprevenidos, espera el silencio por respuesta—. ¿Qué pregunta es la deseada por todos los jefes? ¿Os suena...? Os doy la respuesta: ¿qué puedo hacer por ti?

En mi vida profesional, he aprendido yo más de los demás que ellos de mí y ya es hora de que esto cambie. Éste es el *match point* del éxito en la comunicación entre los miembros de una organización empresarial, es el punto que permite ganar el partido, es el ¡sí! o el ¡no! Las relaciones deben ser siempre en ambos sentidos. Mirad —se dirige a todos con una sonrisa de picardía—, seguro que tenéis más preguntas, ¡más preguntas que respuestas! Si conociéramos todas las preguntas podríamos dar las contestaciones correctas porque las tenemos acumuladas en nuestro inconsciente adaptativo, es decir, utilizaríamos la «inteligencia intuitiva» que predica Gladwell [110] ante la necesidad de reacción inmediata. ¡Tenemos que vaciarnos! Es la puesta a punto para pasar del conocimiento individual al talento colectivo, los pilotos del margen lo llamamos «valor talento».

Si se aplicase, seguro que desaparecería el insomnio que sufro por pensar en esos profesionales que tienen la sangre fría de saber más que tú en nuevas tecnologías y no te ayudan. Son capaces de intuir si algo fracasará o triunfará pero no lo comunican. ¡A un jefe jamás le sorprendas! Hemos de reconducir las acciones incontroladas de estos «tecnópatas» formados en las TIC para tener una apuesta segura en el futuro de la empresa y en este equipo. ¡Alto! Nada de apostar, ¡nada de esperar a que la suerte aparezca! ¡Aparcar el concepto suerte y activar el del trabajo en equipo! ¡La suerte para el contrario! Cuando le falle o le abandone lo veremos de rodillas.

Debemos mirar todos hacia nuestro interior y detectar qué situaciones de nuestro entorno, ya sea por personas o por medios, alteran el orden deseado para actuar en equipo y remediarlo. Al cambiar nosotros, los demás nos imitarán. ¡Yo quiero cambiar! Necesito saber… ¿En qué puedo ayudaros para pilotar el margen? —pregunta el DG de forma amistosa—. ¿Sabéis qué tema me preocupa? No deseo que tengamos empleados que actúen de forma alienante con respecto al margen. Este tema, por lo que he podido apreciar hasta hoy, los pilotos del margen no lo han puesto en su menú de investigación y para mí es fundamental. Me explicaré, nece-

110 Gladwell, Malcom: *La inteligencia intuitiva*, Madrid, Taurus, 2005.

sito que nadie actúe de forma oculta sobre el fruto de nuestra misión: el margen. Pondré el ejemplo del típico progenitor alienante que quiere tener el control total de su hijo, es una cuestión de vida o muerte. No es capaz de individualizar y reconocer en su hijo a un ser humano del que puede separarse, lo sobreprotege. Tenemos que detectar quién trabaja en actitud alienante. En algunos matrimonios separados una de las partes acapara y absorbe la formación del hijo, limitando el acceso a información diferente o nueva. La gestión del margen tampoco puede estar monopolizada por unos pocos, por aquellos que tengan la información preferente sobre la situación del margen en cualquier momento; justamente esto es lo que no debe ocurrir en nuestra empresa. Es necesario que la tutela del margen esté repartida si queremos que cada profesional haga sus aportaciones de forma espontánea y directa sobre él para mejorarlo. En definitiva, el margen ha de estar vivo y ser el objetivo de todos.

Resumiendo queridos amigos, el margen es un bien de todos y para todos, lo hemos de compartir y vivir. No debe estar restringido a unos pocos, a mayor difusión de la situación y del resultado de las acciones que repercuten sobre él, más posibilidades tenemos de lograr su resolución gracias a la información disponible en el inconsciente adaptativo de cada uno de los que participamos en el *match point* de la empresa; como bien nos ha explicado la investigadora Mikaela, experta en el tráfico de la comunicación.

Otra cuestión —prosigue el DG con cara de preocupación—, es el instinto del autoengaño, la facilidad que tenemos los seres humanos para autoengañarnos. Además, se intenta convencer a los demás de la falsa realidad que hemos creado en nuestra imaginación. El autoengaño implica ocultar una mentira que nos hacemos a nosotros mismos. Me he percatado de que ha ocurrido en algunas ocasiones porque al discutir con vosotros algún tema he leído en vuestro rostro un matiz de engaño. A veces os he visto ruborizados y sudorosos sin justificación aparente. Es fundamental, y os lo recomiendo con el mejor tono de amistad posible, que abandonéis cualquier posición para engañaros a vosotros mismos y, como consecuencia, a los demás. El engaño no es una defensa, sino al contrario, es un ataque a la ética de los profesionales que no utilizan esta artimaña para desarrollar su trabajo. El mentiroso está destinado al fracaso, ya que las víctimas del engaño acaban identificándolo y le perderán el respeto profesional. Fracasará en su estatus de trabajo porque pierde toda credibilidad.

Los pilotos del margen han intervenido en nuestra empresa para dotarnos de armas psicológicas que nos permitan realizar las negociaciones *face to face* en todas las direcciones, es decir, no tan sólo para el trato con clientes y colaboradores externos sino, sobre todo, para los enfrentamientos del día a día entre nosotros. Sé que, aunque intentemos aparentar que el ambiente es distendido y que actuamos de buena voluntad, nuestro instinto de conservación y de superación nos obliga a tener múltiples sordos enfrentamientos de todos con todos. Tras exponer un par de cuestiones más, intentaremos responder a algunas preguntas finales. Las cruzaremos como si se tratara de un atípico partido de tenis donde juegan cuatro raquetas en un lado de la red y cuatro al otro. La pelota actúa como concepto de margen y, por mi parte, no porque sepa más que vosotros sino porque siempre debe existir un moderador, desearía ser el juez del partido. Al final, que la pelota caiga a uno u otro lado de la red permitiendo ganar a un bando, no debe depender de la suerte sino del conocimiento y tesón que aplicamos en nuestros trabajos y en los que delegamos o «empoderamos» a nuestros colaboradores. ¡Más vale tener talento que suerte! El genial Woody Allen considera que la aparición de la suerte es el factor desencadenante del éxito. Permitidme que yo discrepe de este magnífico director de cine porque mi experiencia me lleva a la reflexión de que es imprescindible organizarse para no depender de este factor. En un fotograma de su película *Match Point*, una pelota pasa varias veces de un lado a otro de la red mientras la voz del protagonista dice:

> «Aquel que dijo: más vale tener suerte que talento, conocía la esencia de la vida. La gente tiene miedo a reconocer que gran parte de la vida depende de la suerte; asusta pensar cuántas cosas se escapan a nuestro control. En un partido hay momentos en que la pelota golpea el borde de la red —la pelota se detiene, queda inmóvil sobre la red—, y durante una fracción de segundo puede seguir hacia delante o caer hacia atrás. Con un poco de suerte sigue hacia delante, ¡y ganas! O, no lo hace, y pierdes».

La suerte es para que crea en ella el contrario. Nosotros trabajamos con las emociones, nos preocupamos por conocer cómo piensa el rival. Hemos de tener muy presente que con cada contrario jugamos un partido diferente en un campo nuevo. Lo que debemos impartir en nuestra empresa como norma de trabajo es la creencia en la «no-suerte». Debemos aplicarla en todas las negociaciones *face to face* para que el sujeto al que queremos cautivar llegue a participar de nuestra forma de pensar porque se la justificamos con argumentos que benefician a ambos. Tenemos que lograr que el sujeto contrario viva las mismas emociones que nosotros, según he entendido en estas semanas de intervención de los pilotos del margen —afirma el DG—. Todos nacemos con un temperamento y lo moldeamos en función de lo que hemos de resolver. Si identificamos con un nombre y un apellido a los sujetos no integrados, el nombre es Mentiroso y por apellido podría tener: Narcisista, Cínico, Meditador o Maquiavélico. Los he clasificado según la repercusión de sus acciones en mis objetivos empresariales. El Narcisista considera sus necesidades más importantes que las demás, tiene una excesiva confianza en sí mismo, no quiere ser amado sino admirado, no soporta la crítica y le gusta rodearse de aduladores. Por supuesto, no acepta ninguna información que no se ajuste a su particular visión de los temas, no escucha y sólo predica sus convicciones. De este talante hay varios niveles. Si no los detectamos y les cortamos las alas en su momento, pueden deshacer una labor metódica de conjunción de equipo. El Cínico no cree en nada y su ignorancia le permite pensar que está por encima del resto, al igual que aquellos que no se creen nada y exigen que se lo demuestres; a éstos les llamo Meditadores. Los Maquiavélicos son social y emocionalmente tontos pero de un modo inteligente, es decir, su fin justifica emplear cualquier medio en cualquier ocasión y con cualquiera. Utilizan a los demás y simulan una falsa empatía. Y, por supuesto, para nada les afectan los sentimientos ajenos. Yo valoro a los profesionales que disfrutan con el liderazgo, la independencia y el poder y, sobre todo, los que viven la sensación de crecimiento.

Como bien sabemos, desconocemos el potencial resolutivo que hay en nuestro inconsciente adaptativo (nuestra puerta cerrada) pero sé que vosotros, excelentes profesionales, tenéis en vuestra mente soluciones basadas en información que habéis estado recibiendo de forma sistemática todos los días durante el ejercicio de vuestra actividad. Hemos de tener la voluntad de reportar estas resoluciones pasivas a la gestión del talento de la empresa porque son los *inputs* vividos y captados en cada acto profesional. Espero que todos nos retroalimentemos de todos en cuanto a experiencias. Tanto de las positivas, para mimetizarlas, como de las negativas, para analizarlas y utilizarlas en el futuro. Para acabar, os diré que tenemos que conocer el comportamiento humano de todos los miembros de la organización para no tener sorpresas de nadie. Además, debemos facilitar el uso de la plataforma inteligente ya que reordena el conocimiento y la gestión del talento para, como bien dicen los investigadores, poder transformar los problemas en nudos.

¡Señoras y señores! Perdonad la expresión porque sé que hay un debate entre lingüistas que critica la mención del término femenino porque el masculino plural ya lo incluye, pero yo digo sin ánimo de ofender: ¡señoras y señores, empieza el partido! A un lado el conocimiento «teórico» de los investigadores y, al otro, el conocimiento «sobre el terreno» de los directivos.

Juan Antonio levanta la mano y con su aún no corregida falsa sonrisa se dirige al juez y le dice:

– Este partido es atípico, ya que jugamos cuatro contra cuatro en la misma cancha y al mismo tiempo. Por lo menos tendríamos que estimar el tiempo del encuentro ya que como las energías las repartimos entre tantos el partido puede hacerse interminable.

– ¡Casi tienes razón, Juan Antonio! —exclama Mikaela—. ¿A qué tiempo te refieres? Porque sabes que hay dos tiempos: el físico y el mental o cognitivo, ¿de qué tiempo estás hablando?

– ¡Ostras, Mikaela! Ahora me has pillado y ésta es justamente la situación que no deseo vivir contigo. Me referiré al tiempo que tú digas, pero para mí el tiempo es tiempo y nada más.

La joven finlandesa solicita permiso al DG con la mirada, levanta las cejas para que le confirme que puede responder. El juez le da su conformidad con un movimiento de cabeza. Entonces, Mikaela se dispone a lanzar el primer saque del juego:

– Toda actividad que se desarrolla si algo consume es tiempo, recordad que el tiempo es nuestra materia prima, la que administramos todos los días. Nuestro cerebro sólo puede estar pensando en una cosa al mismo tiempo aunque esté procesando de forma sumergida muchísimas más. Sabed que tenemos dos tiempos, el físico y el mental, ambos ocupan parte de nuestra atención cognitiva. Os pongo un ejemplo, ¿qué está ocurriendo ahora con esta pelota que acabo de lanzar? ¿Veis la pelota? —pregunta Mikaela moviendo la mano de un lado a otro por encima de su cabeza sujetando esa pelota inexistente.

Todos giran la cabeza en busca de «la pelota», pero la infantil propuesta de Mikaela provoca una sonora risa general. La joven instructora, sin perder su sonrisa positiva, estira el brazo y saca de su bolso una manzana. En un instante, la manzana está rodando de un lado a otro de la mesa entre los dos equipos. Mikaela pregunta de nuevo:

– ¿Qué habéis visto? —dice siguiendo con la mirada la trayectoria que había hecho la imaginaria pelota.

Cuando se iba a iniciar la tanda de opiniones la investigadora se adelanta y les explica:

– Supongo que habréis observado que ha pasado el tiempo, ha transcurrido mientras la manzana iba de un extremo a otro de la mesa. Esto es lo que entendemos y vivimos como tiempo físico. Es irrepetible y sólo ocurre una vez para cada acto. Lo consumimos y consumido está para siempre. No obstante, existe otro tiempo, el que nos interesa tener como amigo, el tiempo mental. Ahora, por favor, cerrad todos los ojos. Imaginaros el desplazamiento de la manzana… Éste es el tiempo mental. Permite poder repetir las acciones observadas tantas veces como queramos para analizarlas en nuestra mente. Nosotros, los pilotos del margen, lo llamamos «valor tiempo mental». Si solamente vivimos y consumimos tiempo físico y no empleamos tiempo cognitivo en aquellas acciones que lo requieran, no podemos obtener beneficios multiplicadores de la experiencia. Estamos de acuerdo con vuestro DG, totalmente de acuerdo, con la contundencia con que no cree en el factor suerte. Con esta misma contundencia os recomendamos que sí creáis en el «valor tiempo mental». Es la forma de saber dónde estamos para orientarnos hacia dónde ir. Mientras el tiempo físico es irreversible, el cognitivo tiene la gran virtud de sí ser reversible. Vivir y revivir situaciones a través del tiempo mental es la práctica a llevar a cabo en el «arte de dudar» ante la toma de decisiones en cada área de actuación. Existe un problema en la habilidad de análisis. La mayoría de individuos cuando miran la manzana sólo la ven desplazarse de un lado a otro de la mesa. Pocos, salvo que estén entrenados para ello, observan que, además del desplazamiento de la fruta, se ha producido un consumo de tiempo. Sólo el que aprecia que transcurre el tiempo observa con todo detalle los acontecimientos que se han producido mientras la manzana se estaba desplazando. En la reciente película de Neil Burger *El ilusionista*, el protagonista también destaca la importancia del tiempo al realizar un truco de magia con el que quiere convencer al público de que «desde el momento en que llegamos a esta vida el tiempo nos gobierna»:

> El ilusionista baja del escenario y le indica a una señora del público que coloque su pañuelo en una caja.

– Gracias. ¡Ah! Tenga paciencia. ¡Ahora, por favor! Me gustaría continuar examinando el tiempo. Desde el momento en que llegamos a esta vida el tiempo nos gobierna. Lo medimos, lo señalamos pero no podemos vencerlo; ni siquiera hacerle ir más aprisa ni más despacio. ¿O sí podemos? ¿No hemos experimentado todos la sensación de que los momentos preciosos pasan demasiado aprisa y deseado que duraran más? —el ilusionista ralentiza la caída de una naranja—. O se ha parado el tiempo en un día gris y hemos deseado que corriera más.

Hasta la magia evidente requiere una motivación. Por eso, el ilusionista lanza emociones a la amígdala del público. Además de la evidente visualización del truco, el prestidigitador irrumpe con mensajes para asegurarse el éxito.

Tú no sabes lo que sabes, ¡conócete!

Mikaela da paso a Paula para que explique los valores que los pilotos del margen deben ordenar y manejar. La investigara de operaciones no se lo esperaba, pero reacciona con una expresiva sonrisa. El DG interviene:

– Vamos bien, ¡por el siguiente saque, Paula!

– Apreciados señores, es cierto que nosotros funcionamos basándonos en cuatro valores que ordenamos y cuatro que manejamos. Ordenamos:

1. que la suerte es: intangible;
2. que tu materia prima es: tu tiempo;
3. que tu margen es: tu trabajo;
4. que tú decides con: tu cerebro.

Y los que tenemos que manejar son:

1. margen... para asegurar el futuro;
2. cerebro... usadlo para generar emociones;
3. trabaja... el tiempo psicológico y «duda»
4. la suerte... no la esperes, es intangible

Además, lo hacemos empleando cuatro trucos, mejor dicho, cuatro toques a nuestro yo:

1. saber... ¿dónde estoy?;
2. saber decidir... ¡yo quiero!;
3. saber conocer al de al lado... ¿con quién comparto mi profesión?;
4. saber ¿qué hago aquí?... ¡ser parte de la empresa!

Tanto el DG como los ejecutivos pensaban que los pilotos del margen lo tenían todo dicho y quedan gratamente sorprendidos con estos tres resúmenes sobre qué debemos ordenar y manejar a través de toques a nuestra conciencia individual.

Se despierta su ánimo profesional y, como si fuera un acto reflejo, en sus rostros se aprecia conformidad ante lo expuesto.

Interviene de forma automática Stefan aseverando que todo está muy bien, pero que no se debe perder el horizonte de lo que es un negocio. Stefan, como *controller* y *staff* de la dirección general, necesita exteriorizar su responsabilidad. Considera que está muy bien todo lo de las emociones y la virtualidad del tiempo, pero no se puede permitir que el concepto empresa y sus condiciones para permanecer en el mercado no aparezcan durante algún vuelo de prácticas. Aprovecha que tiene la pelota en su campo para sugerir sus principios empresariales:

– Se trata de crear nuevas ideas, por supuesto, pero consolidando la viabilidad de las anteriores. La constancia en el día a día, por sí misma, ya ha de hacer progresar el margen en los productos previstos. Basándonos en ellos, obtendremos una empresa sostenible. La innovación y la reinvención han de ser un añadido necesario y conveniente para asegurar el futuro. No tan sólo hemos de creer nosotros en las nuevas ideas, sino que éstas, además, deben cumplir los requisitos necesarios para que el mercado y el público también confíen en ellas. Los clientes deben creer en el producto. Por ello, cualquier innovación que no esté dirigida a los clientes tiene un alto riesgo de no tener éxito. Cuando se proponen ideas, y yo por los años que llevo he vivido «muchas buenas ideas», no siempre se han acompañado de las suficientes reflexiones sobre quién potencialmente las tiene que comprar. Esto ha sucedido con las ideas destinadas a la reorganización de nuestra empresa y a la creación de aquel producto estrella que debe aterrizar en el mercado. Lo que sabemos hacer cada uno es el activo de la organización porque las decisiones en los negocios son complejas. Por eso, está muy bien la delegación de poder para la toma de decisiones pero debemos elegir muy bien a las personas en las que confiar, tanto por sus valores humanos como por su profesionalidad.

Otra cuestión que creo que debemos tener en cuenta cada vez más —continúa Stefan—, es no perder de vista a la competencia de aquí, de allá y la que está por venir. Queridos amigos, acabaré mi juego recordando que el margen es un tangible tan «vivo» como «inteligente» es el cliente al que va dirigido nuestro producto. No existen los clientes estúpidos, al igual que no se basa el éxito de los negocios únicamente en buenas ideas. He leído hace poco a Gladwell, lo que escribe sobre la inteligencia intuitiva, y considero muy conveniente saber la verdad de lo que ocurre en nuestro alrededor en dos segundos, como él sugiere.

Julio asevera con la mirada lo que su colega, como buen administrador que reporta sus acciones habitualmente a dirección, expone:

– Efectivamente Stefan, es fundamental entender el valor de una empresa. Es una tarea complicada porque no tiene un valor objetivo, definitivo o absoluto. Una compañía vale lo que creemos subjetivamente ya que la validez de las cifras está tremendamente vinculada no a lo que la empresa valía en el pasado o vale en el presente sino en la posición de valor que tendrá en el futuro. Por eso, tener una organización con la capacidad de ordenar ese futuro es lo que nosotros llamamos «valor organización».

Tanto nuestras acciones como el consumo de tiempo han de permitir obtener, como mínimo, unas hipótesis plausibles que inspiren confianza a la mayoría del equipo. Planificar es indispensable y no nos debe importar reinventar las acciones que son parte del plan inicial. Girad en la dirección adecuada tantas veces como el análisis de las acciones realizadas os lo recomiende. No pongáis el piloto automático, si te dejas llevar puede venir una tempestad de acontecimientos que fisure nuestra nave-empresa. No creáis en la suerte, pero sí en la intuición del futuro.

Siempre lleva algo para perderlo

La pelota ha de pasar al campo de los ejecutivos y el director comercial aprovecha para realizar su saque:

– De lo que se trata en definitiva —interviene Jaume— es de comprar y vender. Y como ya hemos definido en días anteriores, tenemos mejor posición cuando nos compran que cuando pretendemos vender. Debemos procurar que nos compren, ya sean las ideas, los nuevos proyectos, la manera de querer reinventar nuestra área de trabajo. En las acciones exteriores, el cliente ha de pasar de sujeto oyente de los argumentos que le planteamos a sujeto comprador que aprecia el «valor compra». El comprador siempre ha de ver posibilidades de futuro en nuestros argumentos, así él mismo podrá valorarlos para su negocio. Nosotros, los comerciales, tratamos de añadir al precio de nuestro producto prestaciones que el comprador aprecie para que nos diferencie de otros competidores del mismo *target*. Únicamente nos compran cuando nosotros sumamos algún plus para que el comprador vea asegurado su negocio. La clave es que el comprador crea que compra a buen precio y que el vendedor, a su vez, considere que vende a buen precio, como sucede de forma natural en toda transacción comercial. El éxito está en que nuestros precios cubran en todo momento el margen previsto. El fracaso de una compra es que aparezca nuestra enemiga, la desconfianza. El miedo a ser engañado está presente tanto en el que compra como en el que vende. Por eso, con mi equipo de trabajo hablamos de forma coloquial entre nosotros, por ejemplo, cuando decimos *face to face* todos sabemos que en realidad estamos hablando de *brain to brain*. Y más ahora que con el *training* para pilotar el margen es evidente que entramos en el mundo psíquico de las emociones

—sigue diciendo el director comercial—. El mercado permite hoy muy pocas excentricidades, los MBAs que actúan en las centrales de compra están muy preparados y tienen objetivos inalterables que imponen en sus condiciones de compra. Ello nos obliga a ser extremadamente perfeccionistas, a estudiar muy bien nuestras posibilidades y a estirar el margen lo más posible. De todo lo visto para pilotar el margen, la comunicación horizontal, apoyada en herramientas que permitan alimentarla, puede representar la diferencia de poder acertar de pleno en las negociaciones porque mimetizamos las que hemos superado con éxito en las siguientes a resolver. Sólo el análisis de las operaciones abortadas nos permitirá descubrir las claves para perfeccionar las condiciones que debemos ofrecer al siguiente cliente. Todo lo que logremos hacer de forma rápida permitirá asegurar el día a día. Si pretendemos vender de manera racional no nos esforzamos en mejorar y nuestro comportamiento pasa desapercibido. Y, además de no enriquecer nuestro talento sin darnos cuenta permitimos que la competencia se aproxime aún más a nosotros. Por lo tanto, las operaciones fracasadas nos dan un activo de conocimiento sobre el que tenemos que trabajar. No se trata de decir: ¡viva el fracaso! Pero sí hemos de darle la importancia que requiere, ya que es una experiencia para asegurar el futuro.

Tras escuchar las palabras de su compañero, Mireia recuerda:

– La gente confunde la ciencia con los científicos, la ciencia es grandiosa pero los científicos son humanos. En nuestro caso, la ciencia es el mercado y los científicos pueden ser los jefes de compra, individuos con personalidades diversas. Existe una rotación laboral que no permite tipificar una acción cliente para siempre, cada acción debe amoldarse a las características de un jefe de compra determinado. A esta capacidad de cambio los pilotos del margen la llamamos «valor visita». Efectivamente Jaume, nosotros no vendemos a un mercado amorfo sino a personas en cuya conciencia hay una forma de actuar y unas respuestas diferentes a nuestros planteamientos. Por lo tanto, los argumentos de venta deben ser personalizados, se han de seleccionar según el sujeto oyente que tengamos que cautivar.

Las trampas del *win-win*

Juan Antonio insiste en que aún no tiene claro en qué asuntos debe intervenir para darles el tratamiento que requieren. Esa atención especial conlleva poder detectar las señales adecuadas, ignorando si son simplemente una consecuencia del «ruido del día a día». El ruido ha de ser desechado, pero la señal debe tomarse muy en serio. Cuestión difícil de discernir si dicha señal ha sido causada por una gestión provocada por nuestro mal hacer. El director de operaciones exclama exaltado:

– ¡Me irrita que la gente me dé lecciones de cómo comportarme! ¡Ya somos todos mayorcitos para saber lo que tenemos que hacer!

– Efectivamente —responde Mireia—, con profesionales con conocimientos probados, como es tu caso, Juan Antonio, el problema no está en la carencia de talento sino en la voluntad de aplicarlo para resolver las situaciones. Juan Antonio, no te preocupes, diferenciarás los mensajes que requieren tu intervención del «ruido», al igual que distingues del ronroneo de los motores cuando viajas en avión el sonido característico de una tormenta. También sabrás distinguir si un problema es casual, fruto del azar. Entonces, se trata de identificarlo y pasarlo a nudo para resolverlo. En cambio, si es un problema que desencadena otros, es la causa de la aparición de otro problema de más magnitud. Sobre este tema de la causalidad, David Hume decía que si hay una relación entre los objetos que nos importa conocer perfectamente es la causa-efecto. En ella se fundan todos nuestros razonamientos sobre las cuestiones de hecho o de existencia. Sólo ella nos permite alcanzar la certeza sobre los objetos privados de un testimonio directo. La única utilidad de las ciencias es enseñarnos cómo poder controlar y regular los acontecimientos futuros por medio de sus causas. Para ganar la batalla de deshacer los nudos más complejos, los pilotos del margen los resolvemos con la información depositada en la plataforma inteligente Vibo porque distingue perfectamente entre lo casual y lo causal.

Iñaki se mueve sobre su asiento, tose y envía una lenta mirada directa a los ojos de todos los jugadores del partido, parándose unos segundos en el DG. Mueve la cabeza con gestos afirmativos e inicia su juego con una exclamación:

– ¡Qué lástima! Ojalá nuestra empresa pudiera nacer con mejores criterios y con un nuevo personal intrépido con ganas de correr «riesgos». Por aquí han pasado excelentes profesionales que se arriesgaron en tomar decisiones y que, lamentablemente, no tenían los medios necesarios para pilotar el margen. Por ello, algunos de estos buenos profesionales ya no están con nosotros. Como ocurre entre los seres humanos, somos descendientes de individuos conservadores. Somos herederos de los que sobrestiman la aplicación de buenas ideas ya que algunos profesionales innovadores y con espíritu de autoliderazgo dejaron la empresa antes de ver el fruto de sus propuestas. Tengo confianza en el futuro aunque, por jugar con deportividad, confesaré que no sé si soy mejor o peor innovador pero, por falta de medios, en más de una ocasión he estado a punto de tirar la pelota fuera del campo. Ahora, con todas las posibilidades que vamos a establecer para pilotar el margen, sí veo que entre todos podemos configurar un tribunal que apoye las sugerencias que nos permitan «apalancar» el margen objetivo. Echando la vista atrás, hemos tenido una aversión a la pérdida más que valorar la posibilidad de beneficio. Con nuestra política hemos preferido no perder cien euros antes que asumir el riesgo de poderlos ganar. Como bien decían los psicólogos y economistas Kahneman y Tversky en su *prospect theory*: los individuos deciden en un entorno de incertidumbre que se aparta de los principios básicos de la probabilidad, es decir, se toman atajos heurísticos[111].

– ¡Tienes toda la razón, Iñaki! —interrumpe el DG—. Pero estamos entrando en mucha filosofía económica y ya se ha comentado que los seres humanos no nos basamos sólo en pensamientos racionales para alcanzar un comportamiento óptimo ante la toma de decisiones. Tampoco confundáis el azar con la suerte. Las cosas a veces suceden de forma casual y los profesionales nos las anotamos como si fuesen fruto de nuestro trabajo, no habiendo participado nosotros en el acontecimiento. Tenemos que aceptar la situación tal como viene y jugar el partido intentando que todos nos pongamos por objetivo el autoliderar nuestras áreas de trabajo. Olvidaros un poco de mí en la toma de decisiones del día a

111 Daniel Kahneman y Amos Tversky: «Prospect Theory: An Analysis of Decision under Risk», *Econometrica*, vol. 47, n.º 2 (marzo, 1979).

día y procurad aplicar este mismo criterio a vuestro equipo. Pensad que, por pura aleatoriedad, tendréis con mucha frecuencia, posiblemente con más de la deseada, problemas, problemas y problemas. Para transformarlos en nudos, término que para mí ha abierto un nuevo horizonte resolutivo, tenéis que olvidaros de quemar vuestro tiempo cognitivo en considerar y reconsiderar y volver a considerar que, probablemente, podía no haber ocurrido el problema. Transportad estas energías en dirección al futuro, así los medios empleados para deshacer el nudo no volverán a necesitarse, sólo se emplearán en una operación, una única vez. ¿Acaso no es obvio, Iñaki, que muchos de estos profesionales que dices que hemos desperdiciado eran MBAs sin experiencia en asumir retos consolidados? ¿Cuántas propuestas veíamos que al final acababan en la misma trampa que ya habían sugerido anteriormente otros no expertos? ¿Es o no es ésta la situación? Como puedes observar, Iñaki, en una empresa son muy importantes los veteranos, los que valoran muy bien los riesgos; en definitiva, aquellos que saben el esfuerzo que cuesta adelantar un centímetro en el mercado. A ver Mikaela, ¿qué opinión tenéis los investigadores del margen sobre todo esto? Por favor, toma aire antes de intervenir.

– ¡Gracias!...—barboteó la joven instructora—. *Hoppsan! Jag var beredd på att lyssna men inte på att svara* [112].

– Mikaela, *d'on hi ha en pot rajar*[113] —le dice el DG para darle unos segundos para reaccionar.

---

112 Intervención en sueco: «¡Ostras! Estaba preparada para escuchar, pero no para responder».

113 «De donde hay tiene que salir», es decir, tienes conocimientos suficientes para acabar el partido.

Todos miran asombrados al DG ante este diálogo de idiomas maternos.

– ¡Ah! ¡Qué alegría poder intervenir! —exclama la joven finlandesa—. Pues sí señor director, según nuestra experiencia con profesionales que se inician en pilotar el margen, primero se debe aprender a manejar bien las probabilidades utilizando la inteligencia intuitiva. Al practicar este ejercicio descubren sorprendidos que, realmente, en su mente tienen dispuesta la solución a utilizar; lo único que ocurre es que no la habían necesitado antes en su profesión. Así funciona la especie humana, sabemos mucho y sólo usamos lo que requerimos.

También han de descubrir cómo piensan los demás —prosigue Mikaela—, tema que requiere más de un partido para aprenderlo. Mihnea Moldoveanu[114] aporta tres principios básicos que con placer os comento. Para descubrir las preferencias de una persona hay que fijarse en sus elecciones, en su comportamiento cuando tiene la posibilidad de elegir. Habilidad que tendríamos que ejercitar planteándonos qué respuesta ejecutiva hay que dar a problemas simulados, según la información que prevemos puede recibir la plataforma del conocimiento Vibo. El segundo principio, detectar las creencias de otra persona fijándose en lo que está dispuesto a apostar. Puedes observar si está convencido de que tiene

114 Director del Centre for Integrative Thinking (CCMF).

razón o si decide que debe consensuar sus convicciones con otro porque no tiene toda la información deseada. Aquí utilizamos el conocimiento de todos, el «valor necesito». El tercero, observar las consecuencias de las acciones para averiguar el propósito de las personas, tanto si son acciones accidentales como si no lo son. En ocasiones, la competitividad interna y las intrigas transforman la misión de los profesionales.

Todo el mundo —continúa diciendo la instructora—, tanto los profesionales que trabajan en una empresa como los asesores externos, queremos ser buenos en nuestro trabajo. Por ello, es fundamental que tengamos muy claro y muy definido lo que espera la dirección general de cada uno, es decir, qué atribuciones tenemos para desarrollar nuestras responsabilidades. De esta forma, las variables a superar para tener un buen control de la situación se ejemplificarían con un *sandwich*: nuestro objetivo margen es la hamburguesa, el pan superior es nuestro jefe y el inferior el resto del equipo. Debemos tenerlo preparado para hacer «ñam, ñam» en el día a día.

Todos los asistentes explotaron en una ruidosa carcajada.

– ¡Ay Dios mío! —exclama Mikaela—. Veo que mi ejemplo os ha llegado a nuestra amiga la «almendra». Si es así, os podéis empezar a replantear que la primera baliza que tenéis que superar en el despegue es tener la respuesta a: ¿por qué no se logra que los demás asuman sus objetivos? El éxito queda supeditado a superar esta cuestión. Normalmente se emplea muchísimo más tiempo en hablar acerca de algo que en asumirlo y ejecutarlo. Tras este *training* debéis motivar a vuestra gente, a cada uno con la instrucción que requiera para que a la orden: ¡hay que hacerlo!, las primeras energías sean para ponerse manos a la obra. Entender los errores como las señales luminosas que nos indican hacia dónde no tenemos que trazar la ruta. Naturalmente, nuestro objetivo es pilotar en línea recta, por lo tanto, la aparición de un exceso de señales ha de desencadenar la intervención del líder superior.

– ¡Peligro! —exclama el DG—. Es fundamental intentar descubrir quién cometió el error, hacerle responsable y, como bien quedó expresado, utilizar las cápsulas del conocimiento, del talento, de la gestión, de la información y las excepcionales cápsulas *mayday* con el fin de intentar solucionar los problemas y aprender de ellos para prevenirlos. Debe quedar en segundo lugar el interesarse demasiado en precisar al culpable ya que, como bien me habéis explicado, y me habéis convencido, buscando respuestas ante una definición concreta y escueta del problema resolvemos el algoritmo de las cinco preguntas clave (¿dónde está el origen?, ¿qué profesional está en dicho origen?, ¿es nuevo o repetitivo el problema?, ¿cuánto afecta al margen? y ¿quién es el responsable de solucionarlo?) tendremos el problema metamorfoseado a nudo. Tened en cuenta que las personas que incordian se hacen oír más y puede dar la sensación de que están más cualificadas o de que tienen más voluntad resolutiva pero, en la mayoría de los casos, son menos inteligentes que las que se limitan a resolver los conflictos sin necesidad de público. Al igual ocurre con los que logran con argumentos, no siempre consolidados, tumbar propuestas e ideas que nacen como fruto de un ingenio fresco y positivo.

– ¡No dejarse abatir por las dificultades! —interviene nuevamente Mikaela—. Como dice David Kelley, fundador y antiguo consejero delegado de Ideo, pensad que «el método de ensayo-error razonado» permite generar posibles soluciones más rápidamente que un análisis profundo de comités formados por los expertos más inteligentes de la empresa. No se trata de improvisar, pero sí de no caer en la intoxicación de excesivas métricas o datos. Si cada uno se concentra en su entorno cercano y sólo interviene en el de sus vecinos cuando es requerido, habremos superado el entorno agresivo y competitivo, dando paso a la confianza y la seguridad. Todos hemos de solicitar al resto ante una duda razonable el «valor necesito». Nuestro techo de vuelo debe ser éste, el de la confianza. El decirnos de forma directa y clara lo que pensamos ante una actuación que detectemos no es la mejor para el objetivo margen. Volar a esta altura es la forma de ver a larga distancia lo que ocurre en la Tierra, tanto en nuestro territorio como en el de la competencia. Y, por supuesto, desde esta observación privilegiada veremos los movimientos de nuestros clientes actuales y potenciales ya que nuestra misión es captarlos para asegurar la línea de flotación de la empresa. Una decisión acertada en el momento preciso es el *match point* del juego en el mercadeo.

– Muchas gracias a todos. ¡Hasta pronto!... *See you*!... *Até Breve*!... *Ikusi Arte*!... ¡*Fins aviat*!... *Ses snart*... ¡Ah, qué alegría para todos! Podéis estar seguros de que en vuestra empresa si ha habido, hoy ya no hay ningún *happy loser*. De eso podéis estar seguros. Y como dicen en mi tierra madre, Finlandia: *Nähdään pian*!

Los veteranos ejecutivos dieron la mano a sus jóvenes instructores. Para sorpresa de muchos, Juan Antonio exclama de forma sincera y afectiva: «¡Un buen vuelo para todos!».

Glosario

Atajos heurísticos: Se denomina heurística a la capacidad de un sistema para realizar de forma inmediata innovaciones positivas para sus fines. Esta capacidad es un rasgo característico de los humanos, desde cuyo punto de vista puede describirse como el arte y la ciencia del descubrimiento y de la invención o de resolver problemas mediante la creatividad y el pensamiento lateral o divergente. La etimología de *heurística* es la misma que la de la palabra *eureka*, cuya exclamación se atribuye a Arquímedes en un episodio tan famoso como apócrifo.

Cápsulas: Comprimidos que contienen información sintetizada útil para la toma de decisiones.

Fisuras: Un desgarro en nuestra cuenta de resultados por donde se nos escapa el margen.

Inconsciente adaptativo: Función cognitiva que se pone en marcha en la toma de decisiones.

Licencia: Hipotético certificado que otorgan los instructores a aquellos profesionales capacitados para pilotar el margen de la compañía.

Línea de flotación: Límite que separa las operaciones cerradas que no cumplen totalmente el objetivo margen de las oportunidades perdidas.

Mercadeo: Conjunto de actividades humanas dirigidas a facilitar y realizar intercambios comerciales.

Negociaciones *face to face:* Actuaciones de venta complejas realizadas entre proveedor y cliente o distribuidor para alcanzar acuerdos mutuos y aproximarse al límite del objetivo margen de ambos.

Nudo: Sinónimo de problema, con la particularidad de que el nudo siempre se puede deshacer; un problema, en cambio, puede tener o no solución.

Pintura: Es la perspectiva de conjunto de un problema que se obtiene a partir de la visualización de pocos pero selectivos datos.

Sujeto oyente: Cliente o distribuidor en negocios B2B, *business to business.*

Tecnópatas: Profesional egocéntrico, impulsivo e irresponsable que se caracteriza tanto por emociones superficiales como por falta de empatía y de sentido de culpabilidad.

Valor compra: Profesional que sabe gestionar correctamente el aprovisionamiento de una empresa.

Valor comunidad: Organización cuya comunicación se da en todas direcciones, los profesionales están predispuestos a intercambiar información porque sintonizan con la filosofía de la empresa.

Valor emoción: Profesional que es capaz de saber generar emociones, tanto en su equipo como en los clientes, distribuidores o colaboradores. Es un bien que requiere una formación y experiencia determinados. Es imprescindible para lograr el objetivo margen. Lamentablemente, no puede heredarse.

Valor humildad: Persona que no se deja llevar por su super-yo. Para ser un buen profesional es necesario dejar aparcado el ego y aprovechar el talento de la organización solicitando ayuda cuando sea necesario.

Valor logístico: Capacidad y medios reales de una empresa para la entrega de productos o mercadería, con el fin de no ceder concesiones por un mal servicio.

Valor negocio: Empresa capaz de alcanzar los objetivos propuestos, es decir, organización que consigue el margen deseado sin tener que realizar concesiones imprevistas a los clientes.

Valor necesito: Profesional que consulta al resto de miembros de una organización ante una duda razonable, aprovecha el talento social.

Valor organización: Conjunto de profesionales que no se centran en vivir el día a día, sino que ordenan el futuro para mejorar el posicionamiento de su compañía en el mercado.

Valor plan B: Profesional con un plan alternativo ante las posibles dificultades que pueden surgir durante el desarrollo de sus tareas en un área determinada de la empresa. Sin duda, la aplicación de nuevas tecnologías facilita que esta gestión se lleve a término mucho más ágilmente.

Valor reactancia: Empresa que se adapta al *management* actual, desaprende procesos de gestión anteriores para ser capaz de amoldarse de forma eficaz a los posibles cambios que pueden modificar la obtención de su razón de ser: el margen.

Valor servicio: La atención del cliente es primordial para que una compañía sea competitiva. El personal debe sentirse satisfecho para no mostrarse indiferente y aportar una calidad de servicio que cumpla las expectativas de los clientes.

Valor sujeto oyente: Profesional que analiza cada situación al desarrollar sus responsabilidades para adaptar su discurso a un sujeto y momento determinados.

Valor talento: Profesional capaz de aplicar el conocimiento de una organización de forma efectiva.

Valor tiempo mental: Capacidad de recordar acciones erróneas y acertadas para mejorar intervenciones futuras.

Valor visita: Profesional que no repite una acción cliente en más de una ocasión porque es consciente de que cada venta o proyecto es diferente.

Visual Intelligent BackOffice (ViBO): Plataforma TIC inteligente que capta y emite información para la toma de decisiones.

Bibliografía destacada

Acarín, Nolasc: *El cerebro del rey*, Barcelona, RBA, 2001.

Acosta, Mª del Rosario: *Wassily Kandinsky. Creador de mundos*, Bogotá, Panamericana Editorial, 2006.

Aguilera Franco, María: *Alergias alimentarias, introducción a su estudio*, Barcelona, Laboratorios Lacer, 1993.

Aprile, Pino: *Elogio del imbécil*, Madrid, Temas de Hoy, 2002.

Blanchard, K., Fowler, S., y Hawkins, Lawrence: *El autoliderazgo y el ejecutivo al minuto*, Barcelona, Granica, 2006.

Bloch, Arthur: *La Ley de Murphy y otras razones porque las cosas salen mal*, México, Diana, 1980.

Braidot, Néstor P: *Neuromarketing, Neuroeconomía y negocios*, Madrid, Puerto Norte-Sur, 2005.

Brabandere, Luc De: *The Forgotten Half of Change: Achieving Greater Creativity Through Changes in Perception*, Kaplan Business, 2005.

Chan Kim, W. y Mauborgne, Renée: *La estrategia del océano azul*, Barcelona, Granica, 2005.

Cooperrinder, David L. y Whitney, D.: *A positive revolution in change: appreciative inquiry, http://apreviativeinquiry.case.edu*

Cyrulnik, Boris: *Los patitos feos: la resiliencia, una infancia infeliz no determina la vida,* Barcelona, Gedisa, 2002.

Damasio, Antonio: *El error de Descartes,* Barcelona, Crítica, 1996.

— *En busca de Spinoza,* Barcelona, Crítica, 2005.

Davenport, T. H, y Prusak, L.: *Conocimiento en acción,* Buenos Aires, Pearson, 2001.

De Bono, Edward: *El pensamiento lateral,* Barcelona, Paidós, 1991.

Economist, The: «The battle of brainpower», 7 de octubre de 2006.

Ekman, Paul: *Emotions Revelead: Recognizing Faces and Feelinngs to Improve Communication and Emotional Life,* Times Book, 2003.

Eisntein, Albert: *Mis ideas y opiniones,* Barcelona, Bosch, 1980.

Florida, Richard: *The Rise of the Creative Class,* Nueva York, Basic Books, 2002.

Florida, R.: *The Flight Of the Creative Class,* Nueva York, Harper Collins, 2005.

Friedman, Thomas: *La tierra es plana,* Madrid, Martínez Roca, 2005.

Freeman, R.E.: *Strategic Management: A stakeholder approach,* Boston, Pitman, 1984.

Fromm, Erich: *¿Tener o Ser?*, Madrid, FCE, 1978.

Gladwell, Malcom: *La inteligencia intuitiva*, Madrid, Taurus, 2005.

Goleman, Daniel: *Inteligencia emocional*, Barcelona, Kairos, 1997.

— *La práctica de la inteligencia emocional*, Barcelona, Kairos, 1999.

— *La inteligencia social*, Barcelona, Kairos, 2006.

Harford, Tim: *El economista camuflado*, Madrid, Ediciones Temas de Hoy, 2007.

Harvard Business Review: «How to manage to most talented», marzo de 2007.

Hawkins, Jeff: *On Intelligence*, Nueva York, Times Books, 2004.

Herreros de las Cuevas, Carlos: *El coaching: cura, libera y subvierte*, Barcelona, Granica, 2004.

Jericó, Pilar: *Gestión del talento*, Madrid, Pearson Educación, 2001.

— *NoMiedo*, Barcelona, Alienta, 2006.

Johnson, Spencer: *¿Quién se ha llevado mi queso?*, Barcelona, Ediciones Urano, 2001.

Kaplan, R., y Norton, D.: *Cuadro de Mando Integral: The Balanced Scorecard*, Barcelona, Gestión 2000, 2005.

Kahneman, D., y Tversky, A.: «Prospect Theory: An Analysis of Decision under Risk», *Econometrica*, vol. 47, n.º 2 (marzo 1979).

Kotler, P., y Trias de Bes, F.: *Marketing Lateral*, Madrid, Pearson Prentice Hall, 2004.

López Martínez, Francisco: *Valoración de Empresas*, Barcelona, Deusto, 2007.

Luft, J. and Ingham, H.: «The Johari window, a graphic model of interpersonal awareness», *Proceedings of the western training laboratory in group development*, Los Angeles, UCLA, 1955.

Marina, José Antonio, y López Penas, M.: *Diccionario de los sentimientos*, Barcelona, Anagrama, 1999.

Nino, C.: *Un país al margen de la ley*, Buenos Aires, Emece, 1992.

Nonaka Ikujiro e Hirotaka Takeuchi: *The knowledge creating company*, Nueva York, Oxford University Press, 1995.

Peyrolón, Pablo: *Neuroeconomía. Breve introducción a una novísima ciencia*, Barcelona, Granica, 2004.

Pine II, B. Joseph, y Gilmore, James H.: *La economía de la experiencia*, Granica, Barcelona, 2000.

Pink, Daniel: *A Whole New Mind*, New Cork, Riverhead Book, 2005.

— *Free Agent Nation*, Nueva York, Warner Business Books, 2001.

Punset, Eduardo: *El viaje de la felicidad*, Barcelona, Destino, 2005.

Quílez, Carles: *Psicópata*, Barcelona, Alhena Media, 2004.

Quintreau, Laurent: *Margen Bruto*, Barcelona, El Eleph Editores, 2007.

Renoisé, P., y Morin, C.: *Neuromarketing. El nervio de la venta*, Barcelona, UOC, 2006.

Ridderstrale, J., y Nordstrom, K.: *Funky Business*, Prentice Hall, 2000.

— *The Karaoke Capitalism*, Prentice Hall, 2004.

Roberts, John: *La empresa moderna*, Barcelona, Bosch, 2004.

Rojas Marcos, Luis: *La fuerza del optimismo*, Madrid, Santillana, 2005.

Rosen, Emanuel: *Marketing de boca en boca*, Buenos Aires, Ediciones B, 2001.

Rovira, Alex: *La buena suerte*, Barcelona, Ediciones Urano, 2004.

— *La brújula interior*, Barcelona, Ediciones Urano, 2005.

— *Los siete poderes*, Barcelona, Ediciones Urano, 2006.

Sagan, Carl: *El mundo y sus demonios*; Barcelona, Planeta, 2000.

Salecl, Renata: *On Anxiety (thinking in action)*, Londres, Routledge, 2004.

Stein, Guido: *Cambiar o no cambiar. Esa es la gestión*, Barcelona, Gestión 2000, 2007.

Taleb, Nassim Nicholas: *¿Existe la suerte? Engañados por el azar*, Madrid, Thomson, 2004.

Zaltman, Gerald: *Cómo piensan los consumidores*, Barcelona, Ediciones Urano, 2004.

Zittlau, Jörg: *Gandhi en la empresa, lecciones y enseñanzas del Maestro para los ejecutivos de hoy*, Barcelona, Planeta, 2005.